平凡社新書
931

超難関中学のおもしろすぎる入試問題

松本亘正
MATSUMOTO HIROMASA

JN082440

HEIBONSHA

超難関中学のおもしろすぎる入試問題●目次

はじめに……7

第1章 開成・灘が求める「知識」……11

開成の社会……12
入り口にライオンの像があるデパートは？
大江戸線のホーム、何番線に乗れば都庁前に行ける？／東京の地下鉄
東京でタクシーの運転手になるコツ／昼夜間の人口比率／葛飾区と大田区
両国は、どことどこの境目？／上野を知っていますか？
神田の古書店街、秋葉原の電気街、アメヤ横丁はいつから？

灘の国語……42
スで終わる外来語／外来語問題／どたばた・はるばる／「あ」で始まる日本語
「あ」で始まって「く」で終わる日本語／「〜める」を考える／祖父母の言葉が語彙力を育てる

第2章 麻布・渋幕が求める「思考力」……67

麻布の社会……68

相撲と制限時間／サッカーPK戦、柔道ポイント制／パッケージ旅行のいいところ
お金がもたらす問題／政治家がテレビを利用するときにしている工夫は？
夫婦の働き方と社会の変化／夫婦茶碗を好まない人が増えてきたのはなぜ？
秩父自由民権運動、政府の発表の仕方の理由／地震についての情報統制
スポーツの盛り上がりと政府

渋幕の社会……96
ランドセルの利点／学校における生徒の安全性／学校給食を導入しない理由とは？
電子レンジのメリット／石油ストーブの問題点／夕焼けと天気
地方の路線バス需要／オリンピック開催に向けての課題
主権者教育を行う上で注意すべきことは？／日銀の金融緩和と徳川吉宗

第3章 慶應が求める「教養」

……125

慶應中等部の社会……126
フレンチのフルコースの順番とマナー／和食の配膳とマナー／スーパーマーケットの工夫
国民の祝日／年中行事／おせちの田作り／おせち料理に新たに加えたい一品／観光名所

慶應中等部の国語……151

文学作品の題名／芥川賞は年何回？／文学作品にまつわる問題／芝居の題名
おかしな日本語／謹賀新年と干支／諭吉の教えに通じる入試問題

第4章 時事問題が求める「大人の常識」〈桜蔭・早稲田・洛南 etc.〉……181

外国人にまつわる問題／中国人観光客による「コト消費」／イスラム教の知識
五輪に向けて／消費税の知識／ふるさと納税／お金と経営戦略
メディアと表現の自由／高齢運転者による事故／自然災害

第5章 戦争問題が求める「読み取る力」〈筑駒・駒場東邦 etc.〉……245

資料にみる戦争の跡／情報統制／基地と原爆／パンダ外交／平和を考える

あとがきに代えて――問題予想と大学入試改革……265

はじめに

中学入試問題というと、相当難しい問題で、「小学生にここまで解かせる必要があるのか?」と思っている方も少なくないでしょう。私も同感です。小学生にここまで要求するのかと思える難解な問題が出されています。

一方、中学入試には学校のカラーが色濃く反映されている面白さがあります。「ライオンの像が置かれている百貨店は?」といった、クイズ選手権の雑学王が力を発揮しそうな問題が出される学校もあれば、「徳川吉宗の経済政策と日銀の金融緩和の共通点」に気づかせるような、大人顔負けの教養を試される学校もあります。中学受験に「逆転合格」が多いのは、模試の偏差値だけでは測れない知識や教養が試されたり、学校によって問題の傾向が大きく異なるからでしょう。

私立受験者数も受験率もリーマンショック前の水準に戻り、東京23区の4人に1人以上は国公立中か私立中に進学しています。文京区では約半数、世田谷区や杉並区でも3分の1以上が中学受験に挑んでいます（東京都教育委員会資料より）。

中学受験専門塾で指導を続けている身としては、アドミッションポリシー（入学者の受け入れ方針）を知っておくことは、受験対策に大きなメリットをもたらすと感じています。だからこそ、学校がどのような問題を出題し、その背景にはどのような思いがあるのかを知っておくことが合格につながるのです。

現代社会の変化を反映し、中学入試問題にも変化が見られます。「ＡＩ（人工知能）」「ＩｏＴ（モノのインターネット）」は当たり前のように入試で出題されています。あるいは「ふるさと納税の功罪」や、「消費税が低所得者にとって負担が大きい理由」といった、令和初期に社会で話題になっているテーマについて書かせる問題もあります。

また、大学入試改革の影響を受けて、知識よりも読み取りがより重視されてきています。本書の後半には、近年話題となっているテーマや今後問われそうなテーマについて記載しました。

本書を通じて、中学入試が単に詰め込み式の苦行ではなく、社会に関する感度を高め、教養を身につけることができ、小学生を成長させるきっかけになることを感じていただければ幸いです。

ぜひ、大人の皆様も問題に挑戦してみてください。

＊本書に掲載した問題の解答例は、著者の考察に基づくものです。
また、問題表記は、一部変更している部分があります。

第1章

開成・灘が求める「知識」

開成の社会

開成学園は首都圏屈指の進学校です。２０１９年は東京大学に１８６名の合格者を出し、38年連続全国1位となりました。

中学入試の社会の問題では、こんなことまで求められるのかと思うような細かい知識を問うものもあります。特に「東京問題」と呼ばれる、東京の都市や文化に関する問題はユニークです。

では、入試問題を見ていきましょう。

入り口にライオンの像があるデパートは?

入り口に大きなライオンの像が置かれているデパートがありました。
傍線部について、そのデパートとして正しいものを一つ選び、記号で答えなさい。
ア　高島屋　イ　三越　ウ　東急　エ　松屋　オ　松坂屋

大人にとっては当たり前でも、子どもにとっては難しい――そんな雑学的な問題です。開成は「全国高等学校クイズ選手権」の常連校ですが、こういう問題にあっさり正解できる知識のある子も多いのでしょう。正解はイの三越です。

本館正面玄関でお客様を迎える2頭のライオン像は、1914年に誕生しました。同じ年に、辰野金吾が設計した東京駅が完成しています。大正ロマンと呼ばれた、日本と西洋の文化の融合による作品が多くつくられ、華やかな文化が栄えました。

また、1914年は第一次世界大戦が勃発した年にあたります。ヨーロッパが主戦場であったため、日本は戦争の被害を受けることがないばかりか、大戦景気と呼ばれる好景気となります。ヨーロッパ各国から物資の注文が殺到したのです。成金と呼ばれる、急に大金を手にした人も現れました。

三越のライオンは、そんな好景気に沸く日本を象徴する存在ともいえます。

では、いったいなぜライオン像が選ばれたのでしょうか。三越の支配人が百貨店を作るために欧米を視察し、イギリスでライオン像を注文しました。ロンドンのトラファルガー広場にあるネルソン記念柱の下にある獅子像がモデルとされています。

イギリスといえばハロッズのような老舗《しにせ》のデパートもあり、イギリスを参考にすることが多かったと考えられます。また、日本はイギリスと1902年に日英同盟を結んでおり、友好関係にあったことも影響しているでしょう。

ちなみに高島屋でも、ある動物がモデルになっていたことがあります。それは象です。太平洋戦争から復興していくさなかの1950年、高島屋はタイ王国から象を取り寄せそれをクレーンで屋上まで引き上げました。

これは大きなニュースになり、17万人もの人が見学に来たそうです。当時の百貨店と言えばレジャーの場でした。普段目にすることができないような貴重な商品が売っていたり、屋上遊園で遊んだり。レストランでお子様ランチを食べることも非日常の世界だったのです。百貨店は人を集めるために、より注目されるべくあの手この手を尽くしたのでしょう。

さて、百貨店の売り上げは平成に入り、下降線をたどります。1980年代のバブル景気の際に売り上げのピークに達し、その後は衰退しています。中学入試で頻出のグラフを用いて説明しましょう。

図は同志社中で出題されたコンビニの問題です。

グラフの①～④は、大型スーパー、コンビニエンスストア、オンラインショッピング、百貨店のいずれかの売上高の変化をあらわしたものです。コンビニエンスストアをあらわしているものを選びなさい。

①から順番に一つずつ見ていきます。百貨店は①ですね。2013年頃からインバウンド（訪日）の外国人観光客の増加によって、売り上げも踏みとどまっていますが、恩恵にあずかっているのは主に都心部。2019年には伊勢丹相模原店（相模原市）や山交百貨店（甲府市）、山形の老舗百貨店「大沼」米沢店（米沢市）の閉店といったように、特に地方で存在感は低下

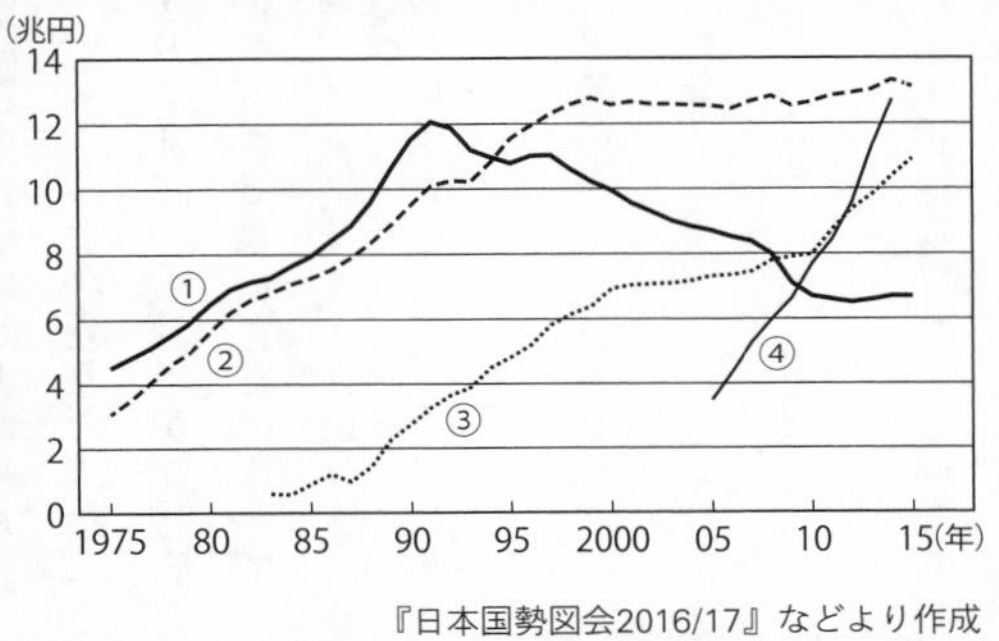

『日本国勢図会2016/17』などより作成

しています。②は大型スーパー、③はコンビニです。この問題の正解は③となります。

セブン‐イレブンは、「朝7時から夜11時まで営業している」ことが売りだったことからつけられた名前です。アメリカ発祥のこのコンビニは1974年、豊洲に第1号店がオープンしました。その後24時間営業が始まり、今では生活に欠かせない存在になっています。さらにそのコンビニの売上高を超えた④はネットショッピングです。Amazonやメルカリに代表されるようなオンラインショッピングの伸びはすさまじく、今ではスーパーも抜いています。

百貨店は時代の変化に取り残され、衰退していく運命にあるのかもしれません。

では、続いて地下鉄の問題です。

大江戸線のホーム、何番線に乗れば都庁前に行ける?

次の開成の問題は、上野御徒町駅で大江戸線に乗る時に、1番線なのか2番線なのか、それともどちらに乗ってもよいのかというものです。

御徒町で地下鉄に乗り、都庁に行くことにしました。そこで大江戸線に乗ることにしました。
傍線部について、上野御徒町駅で大江戸線に乗るときについて、次の文のうち正しいものを一つ選び、記号で答えなさい。
ア　都庁前駅に行くためには1番線に乗らなければならない。
イ　都庁前駅に行くためには2番線に乗らなければならない。
ウ　都庁前駅に行くためには1番線・2番線のどちらに乗ってもよい。

正解はウ、どちらに乗っても都庁前駅に行くことができます。いったいなんでこんな問題を中学入試で出すのでしょうか。単純に雑学的な知識を求めているというだけでもなさそうです。

関西から受験生たちの開成ツアーというものが積極的に組まれています。関西の灘中に合格した子たちが受験を終えた後、塾の実績づくりのために開成中を受験するということです。開成中に10名合格、20名合格という広告を出すと塾の宣伝にもなるので、こういったツアーが組まれていたのです。今でも塾業界では半ば公然と行われており、関東からも「灘ツアー」が組まれ、実績づくりのために優秀な生徒を特待生に認定して、旅費などを負担する大手塾もあります。灘中に合格する子は、開成中など他の有名校にも合格するので、塾の実績に加算できるという仕組みです。「優秀児の囲い込み」は上場企業の塾や、関東・関西両方に拠点を持っている塾が積極的に行っています。優秀層を関東、関西のトップ校に合格させることで見かけ上の実績をよくすることができます。そうすると、多くの生徒が数字を見て入塾するのです。

本当に優秀な子たちは対策が不十分であっても関東、関西両方のトップ校に合格するのですが、多くの場合、関東の生徒は関東の有名校に進学し、関西の生徒は関西の有名校に進学するので、行かない学校には入学手続きを行いません。すると、辞退者が大量に出て欠員が生じるので学校としては補欠合格を出すことになります。

それが何十名にも上るということが開成中でも起こっています。

入学意思がまったくない子たちの受験が多いことについて、開成の先生も苦々しく思っているのかもしれません。そこで東京問題と呼ばれる、明らかに東京の生徒であれば常識であるような問題が出されているのではないかと塾業界では噂されていました。とはいえ、社会の70点満点のうちの数点ですから合否に大きな影響を与えることはありません。ただ、入学する意思もないのに関西からツアーで受験する子たちが大挙してやってくることへの不満を表明した問題ではないかというのです。

さて、問題の解説に入りましょう。答えはウなのですが、確かにどちらに乗っても着きます。環状線であれば当然そう言えます。

たとえば山手線でも、内回りに乗っても外回りに乗っても必ず目的地に到着することはできます。ただ大江戸線は純粋な環状線ではありません。

大江戸線は図のように、環状部と放射部からなっています。都庁前から六本木や両国や飯田橋を回ってくるっと一周するという部分に加えて、練馬や光が丘といった郊外に向けて放射状になって延びている線もあります。

まるで数字の6を描くような作りになっているのです。

いったいなぜ大江戸線が6の字のようになっているのでしょうか。もともと環状線だけでなく新宿から先の練

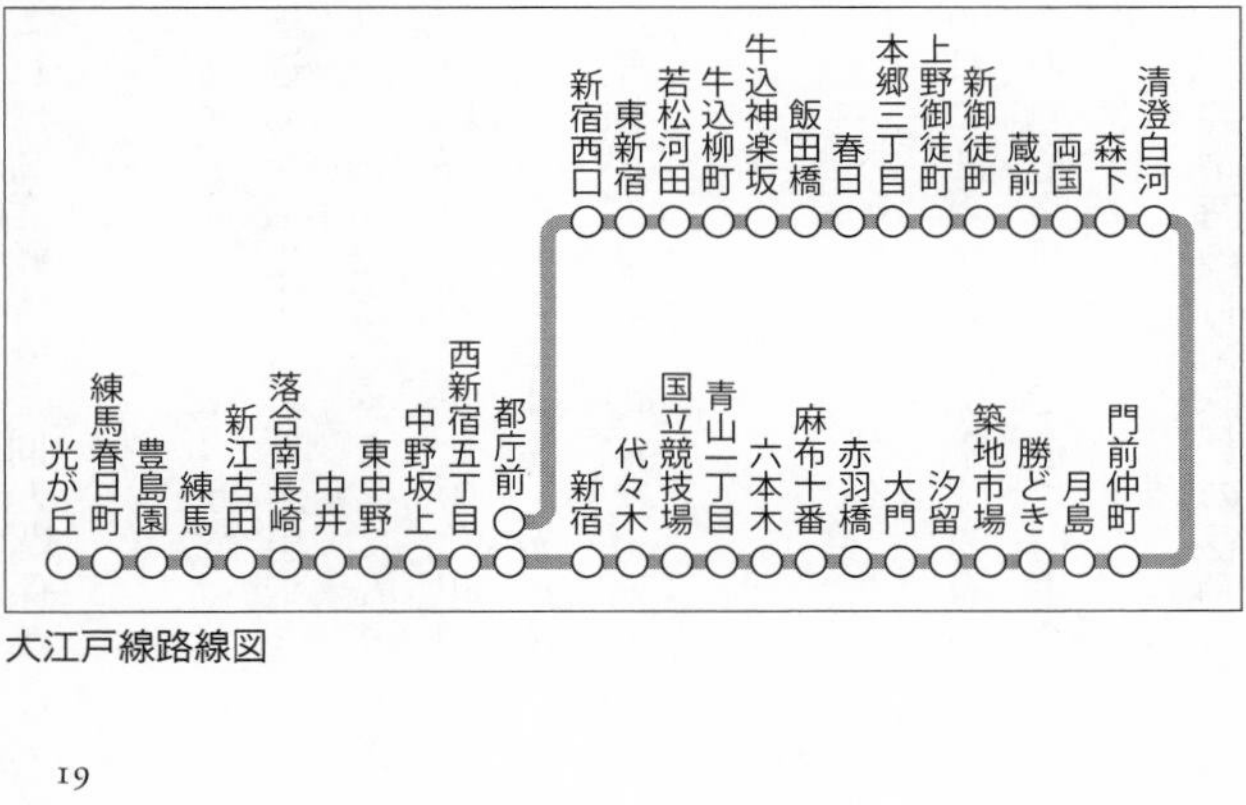

大江戸線路線図

馬・光が丘に地下鉄を造ろうという理由があったのです。これは高度経済成長期と関係があります。

１９５５年から始まった高度経済成長によって東京に人口が集中し、郊外にもたくさんの家が建てられるようになりました。そうすると鉄道網で輸送力を強化する必要が出てきます。練馬区の光が丘再開発計画がきっかけで、そこにも鉄道が必要だということになりました。しかし、石油危機や都の財政問題、そして人口が郊外に移動するドーナツ化現象によって大江戸線の建設が見合わされた時期もあり、ようやく１９９１年に練馬・光が丘間で開通します。その後１９９７年に新宿・練馬間を開通。全線が開通したのは２０００年というように段階を踏んで開通してきました。

さて、この大江戸線の建設は単に旅客輸送だけではない目的があります。

大江戸線の麻布十番駅と清澄白河駅には、緊急時用の東京都の防災物資を保管する倉庫である、防災備蓄倉庫が設けられています。もし災害時に地上の道路が使用できない場合、地下鉄を利用して物資を輸送することを想定しているのです。

光が丘駅の近くには、自衛隊の練馬駐屯地がありますから、非常時の自衛隊員の移動にも役立てることができるのでしょう。
また、大江戸線は地下深くにあるため、天災の影響を受けにくいという利点もあります。台風で、ＪＲや私鉄の運行が停止しても、東西線や丸ノ内線といった他の地下鉄が止まっても、大江戸線は通常通りだということはよくあるのです。

東京の地下鉄

続いても地下鉄の問題です。

東京の地下鉄について、次の文のうち正しいものを一つ選び、記号で答えなさい。
ア　東京の地下鉄はすべて地下を走り、途中で地上に出ることはない。
イ　東京の地下鉄でビルの３階にホームがある線はない。
ウ　東京の地下鉄には、都営地下鉄・東京メトロ・東京モノレールの三つがある。
エ　東京の地下鉄は浅草〜上野間が最初だが、これは現在では銀座線の一部になっている。

開成は「東京問題」が多く出されることで知られていますが、その中でも地下鉄の問題が多く出題されています。これもまるでクイズ選手権に適性がある子を選ぶかのような、一見「雑学を問う問題」になっています。

さて、アから見ていきましょう。

「東京の地下鉄はすべて地下を走り、途中で地上に出ることはない」、そんなことはないということは東京に住んでいる方であればおそらくご存じなのではないかと思います。たとえば千代田線の終着駅である代々木上原駅は地上にホームがあります。ただ、小田急線と直結しているので、途中で地上に出るというイメージはわきにくいかもしれません。そこで、東西線を見ると、江東区の南砂町駅から千葉方面に向かっていくと地上に出て、橋を渡ったり、高架になったりしています。ほかに、途中で地上に出るという点で目立つのは、丸ノ内線です。四ツ谷駅や後楽園駅、茗荷谷駅に着く時などに、地上に出ます。

次にイを見ます。ビルの3階にホームがある線は、銀座線です。かなり有名な話なのですが、なぜ銀座線渋谷駅は3階にホームがあるのかと言うと、地形に理由があるのです。東京の土地は起伏が激しく、へこんでいるところは谷になっています。

つまり渋谷は地名に谷がついていることからも分かりますが、図のように谷になっているので、ずっと地下を走っていた地下鉄も地上に出るだけでなく、ホームが3階にあるという不思議なことになっているのです。

ちなみに先ほど出てきた四ツ谷も茗荷谷も谷がつく地名です。そういうところは、地下鉄に乗っていても突然視界が開けて地上に出ることがあるのです。もし丸ノ内線に乗ることがあれば気にかけてみてください。

ウも誤りです。東京モノレールは地下鉄ではありませんね。

そしてエ。これが正解ということになります。

東京の最初の地下鉄は１９２７年に開業しました。浅草と上野を結ぶ、乗車時間はわずか5分というものでしたが、物珍しさに多くの人が乗車しようとして混雑していたそうです。

その後、地下鉄は銀座・新橋へと延伸し、１９３９年に渋谷駅までつながり、現在では銀座線の一部になっています。

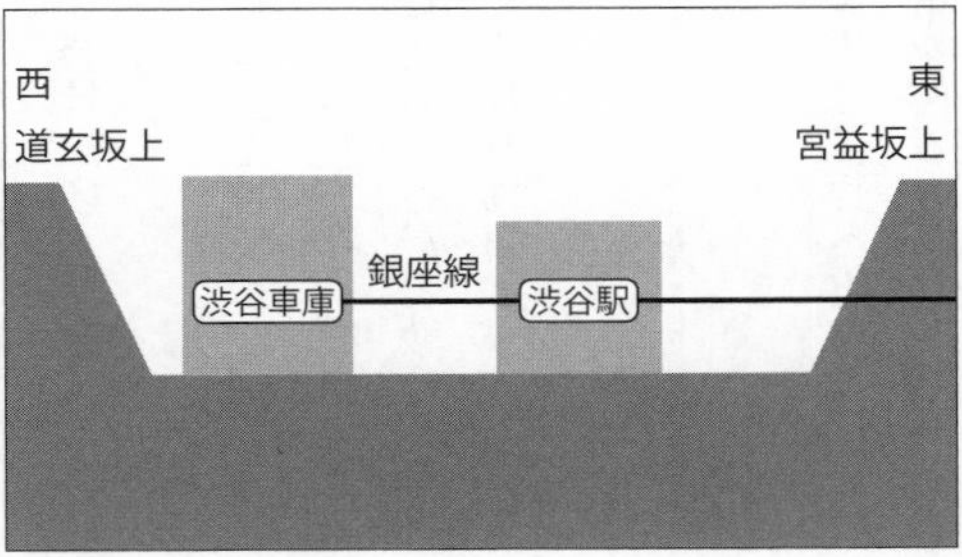

坂に挟まれた渋谷駅

東京でタクシーの運転手になるコツ

続いても、東京の地形に関する問題です。

台地と低地の境目にできた王子の町を中心に製紙工場や印刷会社が多くでき、この町の基幹産業になりました。傍線部に関連して、王子駅前でタクシーの運転手に聞き取り調査をしました。そのとき、ある運転手が東京でタクシーの運転手になるコツは、台地と低地の境目にある（ 5 ）の名前と河川や運河にかかる（ 6 ）の名前を早く覚えることだと教えてくれました。この空らん（ 5 ）、（ 6 ）に入る適切な語句を、それぞれ漢字一文字を使って答えなさい。

東京の土地には、かなりの高低差があります。

豊臣秀吉が天下を統一した後、徳川家康に国替えを命じて家康は江戸へと移り住みました。その時には土地も荒れ果てていて勾配も多く、ここに都市を作るのはなかなか難しいと感じたそうです。

そのことを地名が物語っています。たとえば東京には丘という地名が多くあります。自由が丘、梅が丘、ひばりが丘、桜が丘など。そこは起伏があるなかで高い所に位置するので、丘がつく地名がつけられたのです。逆に低くなっているところは谷や窪。谷や窪のつく地名は低地である証拠と言えます。

谷を取り上げると、先ほどの問題で出てきた渋谷だけではなく世田谷、四ツ谷、市ヶ谷、千駄ヶ谷、阿佐ヶ谷など谷の字がつく地名が多く見られます。神奈川も同様に起伏が激しく、保土ヶ谷という地名があります。

さて、この問題は、タクシー運転手になるコツということで、まず、台地と低地の境目、つまり高いところと低いところの間に存在するものを考えるというものでした。5の正解は坂です。

実際、東京にはたくさんの坂があり、ちょっと散歩をするだけで坂をたくさん見つけることができます。

たとえば、名所として知られ、かつての面影を残す神楽坂。坂を南東に下っていくと、堀のある飯田橋に着きます。渋谷に向かう道玄坂。表参道からでも池尻大橋からでも渋谷に向かう道路は下っており、そこが坂であることを実感できます。TBSの本社がある赤坂、その近くには大久保利通が暗殺された紀尾井坂もあります。

このようにいくつもの有名な坂という字がついた地名を見つけることができます。

塾の授業でこの問題に関連して、「東京というのは起伏があって開発がなかなか大変だったから家康は苦労した。坂という地名が多いところからそういうことが読み取れるんだよ」という話をして、「坂がつく地名をあげてみよう」と聞いてみます。すると赤坂や神楽坂よりも、まず乃木坂が出てきます。小学生にとっては、まずアイドルグループの乃木坂46の名前としてなじみがあるのでしょう。中にはけやき坂という子もいます。これも欅坂46というグループがあるからです。秋元康の影響力の強さを感じます。

では続いて河川や運河に架かるものの名前です。正解は橋。

東京に橋がつく地名というのは多いのですが、それはただ河川に架かる橋だけではありません。運河、つまり水運を利用するように東京が整備されてきたので、その過程でできた運河に架かる橋も多いからなのです。

たとえば東京にある橋がつく地名といえば、新橋、飯田橋、浅草橋、板橋などすぐにいくつも思い浮かべることができます。駅の名前を考えると、ほかにも水道橋や竹橋、赤羽橋などいくつもの駅名を思いつくことができます。

しかし、川や運河がないところにも橋のつく地名がたくさん見られます。これは、かつて川が流れていたり、水路があったけれど、埋め立てられて橋は姿を消し、地名だけが残った場所なのです。

たとえば、銀座駅や有楽町駅に近い、数寄屋《すきや》橋。

もちろん今でも川があるところに架かっている橋、あるいは堀に架かっている橋にちなむ地名もあります。飯田橋や浅草橋がそれにあたります。

昼夜間の人口比率

続いての東京問題では、23区の位置を問うています。

表2の昼夜間人口比率が高い5区および低い5区に色をぬって示したものを、それぞれ下の地図ア～エより選び、記号で答えなさい。

表2

昼夜間人口比率の高い5区		昼夜間人口比率の低い5区	
千代田区	1,738.8	練馬区	82.1
中央区	493.6	江戸川区	84.1
港区	432.0	葛飾区	85.0
渋谷区	254.6	杉並区	87.4
新宿区	229.9	足立区	89.1

（平成22年国勢調査より）

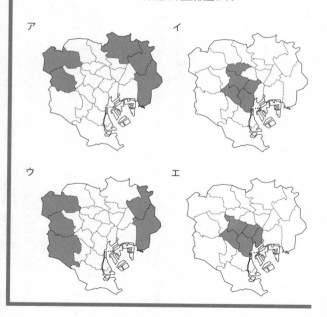

ア

イ

ウ

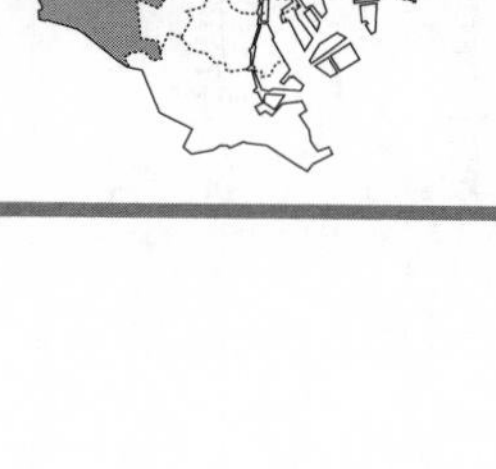

エ

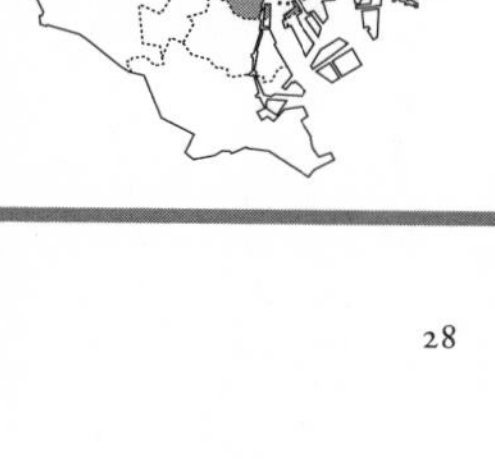

昼夜間人口比率とは、昼間人口を夜間人口で割った割合のことです。分かりやすく説明すると、まず夜間人口とはそこに住んでいる人のことだと思ってください。昼間人口は昼間にいる人ですから、そこに住んでいても昼間に仕事などで他の県や市などに行けば引き算をしますし、逆に昼間に仕事などで他の県や市などから集まれば足し算をします。

東京都の昼夜間人口比率は高く、１２０を超えています。なぜなら、埼玉県や神奈川県、千葉県などから通勤、通学でやってくる人が多いからです。一方、埼玉県の昼夜間人口比率は90以下。つまり人口の10％以上が昼間にはいないのです。

東京23区とは言いますが、よく名前を聞く区もあれば、あまり知らない区もあるでしょう。それでは、区ごとの昼夜間人口比率も見ていきましょう。千代田区はおよそ１７３９という驚異的な数字です。昼間人口が夜間人口の17倍にもなるのですが、これはオフィス街があること、そして官公庁が集まる地域であるためです。地価の高い千代田区に住む人はあまりいませんよね。中央区、港区も昼間人口が夜間人口の４倍以上となっています。通勤・通学で多くの人が周辺地域からやってきていることが分かります。

逆に練馬区、江戸川区、葛飾区などは住宅地が広がっていることが分かります。そこに住んだ上で、別の区などに仕事に行く人が多いのです。

さて、問題を解いていきましょう。区の位置を知らなくても、比率が高い5区はイかエに絞ることができます。都心部に通勤する人が多いからです。正解はエ。イは中央区がなく、豊島区が含まれています。次に比率が低い区ですが、正解はア。ウは足立区がなく、世田谷区が含まれています。

23区の位置くらいは東京の学校に通うなら知っておこうということでしょう。

葛飾区と大田区

続いての東京問題。23区の特徴をダイレクトに問うています。

> 昨年（1999年）4月には、開成中学のある荒川区議会議員選挙や東京都知事選挙をはじめ、日本各地で都道府県・市町村の首長と議会の選挙が行われました。（中略）このとき東京都の23特別区の中で区議会議員選挙が行われなかったのは、葛飾区と大田区です。この2区について当てはまる説明文を次のなかからそれぞれ選び、記号で答えなさい。
>
> ア　東京タワーや高台もあるが、大島・三宅島・八丈島・小笠原諸島など東京都の

離島に向かう船はこの区のふ頭から出発します。
イ　小さな町工場が多いが、おもちゃに関係する工場が多いのが特色です。また、区内に川が多いため、かつては渡しが多くあり、現在でも矢切の渡しでは手こぎ船で人を運んでいます。
ウ　江戸時代の初期から埋め立てが行われ、大阪の漁村から集団で人が移り住んだ地域もあります。現在は、魚の大きなおろし売市場が有名です。
エ　小さな町工場が密集しており、その中には高い技術を持っているところもあります。埋立地は空港・トラックターミナル・コンテナふ頭などに利用されています。
オ　ごみ処理のための埋め立てに始まり、ちかごろでは多くのビルをつくるために大規模な埋め立てが行われました。約30年前には、増える一方のごみの持ち込みに対して、区長を先頭に拒否を示したことがあります。

この開成の「東京問題」は比較的一般的な知識を問う問題となっています。アから見ていきましょう。東京タワーというだけで港区であると答えられそうです。大島や三宅島、八丈島などの伊豆諸島へのフェリーは竹芝桟橋から多く出ています。

2019年に大ヒットした、新海誠監督の『天気の子』。主人公の帆高《ほだか》は島を出て東京に来る際、レインボーブリッジを渡り、竹芝桟橋に到着しているようです。帆高の故郷のモデルとなった島は神津島とされていますが、実際に神津島から竹芝桟橋までフェリーが運航していています。片道約10時間の長旅です。


イは葛飾区です。小さな町工場が多いという情報だけで葛飾区と答えられる人は少ないのではないでしょうか。葛飾区には高い技術を持った町工場が集積していますが、その知名度は低いことを葛飾区自身が認識しています。そこで地元の優れた製品を葛飾ブランド「葛飾町工場物語」として認定し、その製品にまつわるエピソードや技術の詳細を、ストーリー性を持たせた「物語」として区内外に発信していこうとしています。

区内に川が多いという情報からも葛飾区と考えられます。江戸川や荒川など多くの川が流れています。また、矢切の渡しというのは映画「男はつらいよ」シリーズでもよく知られる柴又にあり、江戸時代から江戸川の渡し船として利用されてきました。徳川幕府が設けた利根川水系河川15か所の渡し場のうちのひとつであり、細川たかしの歌にも歌われています。なお、今でも矢切の渡しでは渡し船の運航が行われています。

ウは埋め立てが行われ、魚の大きな卸売市場が有名というところから考えられそうです。この問題が出されたのは、２０００年ですので、当時の卸売市場といえば築地、つまり築地がある中央区ということになります。

築地市場は２０１８年、江東区の豊洲に移転し、１９３５年の開設から83年間の歴史に幕を閉じました。

築地に市場が作られたのは、１９２３年の関東大震災が大きく影響しています。火災で10万人以上もの人が亡くなったこの震災によって、日本橋などの魚河岸も全壊します。そこで、新たな魚市場が必要になり、築地市場の建設へとつながっていったのです。

エは2行目の「空港」がヒントになります。羽田空港の所在地は大田区です。また京浜工業地帯の中心的な場所ですので、町工場が密集しているということやコンテナ埠頭というところからも考えることができます。

オは江東区です。最近聞かなくなりましたが、夢の島というゴミ処理のための清掃工場の話が書かれています。近頃では多くのビルのために埋め立てが行われたと書かれていますが、江東区は豊洲や東雲《しののめ》にタワーマンションが多く建てられています。高度経済成長期に都心部に人が流入してから、都心部の土地の値段は上昇を続けます。一軒家やマンションを購入するのであれば都心から離れた多摩地区や、埼玉県や神奈川県だと考えられるようになりました。高度経済成長期が終わった後の１９８０年代にもバブル景気が起こり、都心部の土地の値段が急に上がります。そこで、さらに郊外の人口が増えるドーナツ化現象が起こったのです。

しかし、バブル崩壊後に都心の地価は下落します。そこで、都心部が割安となったことに加え、定住人口の維持・回復を目指して住宅の容積率の緩和が行われ、タワーマンションの開発が相次ぐようになりました。

両国は、どことどこの境目？

続いての東京問題は、歴史とも関係性の深い問題です。

両国とは、隅田川が（Ｇ）国と下総国の国境であったことに由来します。

文中の空らんにあてはまる語句を漢字で答えなさい。


両国という地名は、江戸時代の明暦の大火に関係しています。

17世紀に起こった明暦の大火の際、隅田川に橋がなく、川を渡ることができずに逃げ場を失って多くの人が亡くなりました。なぜ隅田川に橋が架かっていなかったのでしょうか。

これは、江戸城を防衛するためです。大軍が江戸に押し寄せるようなことがあった場合、時間稼ぎになるように、あえて橋を架けないというのは当時の常識でした。上流の千住大橋まで行けば橋がありますが、その下流には橋が架かっていませんでした。

城下町に行くと、道路が入り組んでいたり、道路がまっすぐではなく曲がっている場所があったりします。これも同じ理由で、防衛を意識した街づくりが行われており、その名残を現代でも見つけることができます。

さて、そうは言っても明暦の大火で多くの人が亡くなりましたので、橋を架ける必要があるという議論が起こり、隅田川に橋が架けられました。

江戸時代、隅田川の西側は武蔵の国、東側は下総の国ということで、その2つの国を分ける川に架かる橋なので両国橋と呼ばれ、地名も両国になっていったということです。

上野を知っていますか?

東京の地名に関する問題は多く出題されています。

御徒町駅と上野駅の間にある西側の大通り周辺は、上野(イ)とよばれています。江戸時代のころに火事をさけるためにつくられた幅の広い道路に由来する地名です。文章中の空らんにあてはまる語句を答えなさい。

正解は広小路です。広小路というのも、火事に関連する地名です。

江戸時代には江戸で多くの火事が起きました。なぜ江戸で火事が多かったのでしょうか。まず、当時は木造建築だったということ、そして建物が密集していたことが理由としてあげられます。

江戸は「将軍のおひざもと」と呼ばれ、武士はもちろん、町人など多くの人々が暮らしていました。狭い中にたくさんの建物が作られて、長屋もあったわけです。よく古典落語でも出てきます。「粗忽《そこつ》長屋」や「長屋の花見」が有名です。

それに加え、3代将軍徳川家光によって制度化された参勤交代によって、大名とそれに付き従う多くの武士が江戸にやってきました。その人たちのための建物も建ち並び、過密状態にあったわけです。それらの理由で、一度火事が起こると一気に広がってしまい被害が拡大するということがありました。

そこで幕府が考えたのが、火事が燃え広がらないようにするため、家屋のない場所を作ることです。

これを広小路と言って、今でも上野広小路という地名に残っています。

ほかにも幕府はいろいろな手を打ちます。麻布中の入試問題にも取り上げられています。

> 江戸の町では武家屋敷や寺院以外にも、次第に瓦屋根の建築物が増えていきました。なぜ江戸の町で瓦屋根が必要とされたのでしょうか。答えなさい。

木造建築は燃え広がりやすいのですが、屋根を瓦にすれば、少しは延焼しにくくなります。

解答は「火事が起こった時に、燃え広がりにくくするため。」となります。また、幕府直轄の火消しが組織されたり、8代将軍の徳川吉宗の時代には、町火消と呼ばれる、身体能力の高い町人による火消しが整備されたりしました。その動きの華やかさから、「火事と喧嘩は江戸の華」と言われるようになったのです。

神田の古書店街、秋葉原の電気街、アメヤ横丁はいつから?

続いても、歴史と関係のある問題です。この問題の冒頭では東京駅から田端駅に向かう電車に乗っています。

> 次の駅は（　　）駅です。（　　）とよばれる地域には（X）古書店街があります。このあたりに学校が数多くつくられたころ、学生を目当てに古書店が次々とできたのがそのはじまりとされています。（　　）駅を出発した電車は、（　　）川をわたって秋葉原駅に到着します。秋葉原は、家電製品の量販店などが集まっている（Y）電気街

として世界的に有名です。電気街が発展したのは、家電製品が急速に広まったころのことです。（中略）
（編集部注：御徒町駅の）次の上野駅に向かう高架下と西側にはアメヤ横丁とよばれる（Z）商店街が広がっています。アメヤ横丁の成り立ちは、人々の移動や物流の拠点であった上野駅を中心に発生した闇市が発端といわれています。

1　文章中の空らんにあてはまる地名（同一）を答えなさい。

2　文章中の波線部（X）～（Z）について、（X）の古書店街がつくられた時期、（Y）の電気街が発展した時期、（Z）の商店街がつくられた時期を、次のア～オのなかからそれぞれ1つ選び、記号で答えなさい。なお、同じ記号をくりかえし答えてもよい。

ア　1880年代　イ　1910年代　ウ　1940年代
エ　1960年代　オ　1980年代

東京駅の次の駅ということですから神田駅と分かります。
古書店街があるから神田という風に答えられる小学生はなかなかいないと思いますし、

神田川と言われてもイメージがわかないのではないでしょうか。

かぐや姫が歌った「神田川」を知っていれば簡単に解くことができたかもしれませんが、小学生はまず知らないでしょう。次の駅が秋葉原ですから、東京と秋葉原の間で神田と答えるのが一番考えられそうな解き方です。そもそも、山手線の駅名を知らないと解くことができないでしょうから、開成を受験するなら電車の知識も身につけておかなければなりません。開成があるのは、西日暮里駅近く。JR山手線、東京メトロ千代田線、都営の日暮里・舎人ライナーの各路線の駅があります。少なくともその路線や沿線の知識を身につけておくべきなのでしょう。


次にX、Y、Zの年代を考える問題です。

古書店街がいつ整備されたのかということは非常に難しい問題だと思いますので、まず先にYとZから考えていきたいと思います。

Yは電気街が発展しているとありますので、明らかに第二次世界大戦後だということが考えられます。実際、秋葉原に電器店が多くなったのは、戦後に電気関係の器具や部品を売る店が数多く出店したことが始まりです。家電製品が急速に広まったころとありますから、エの1960年代、つまりカラーテレビが普及し始めた頃だと考えられます。

次にZを見ていきましょう。アメヤ横丁と呼ばれる商店街の成り立ちということですが、闇市が発端と書かれています。戦後、日本は街に多くの失業者があふれ、物価統制令に反して勝手に商売をする人たちがいました。

この闇市が発端とありますから、戦後すぐと分かります。1945年に太平洋戦争が終わっていますから、ウの1940年代が答えということになります。

最後にXですが、これは神田周辺に多くの学校が作られたころとされています。現在の明治大学である明治法律学校が新築移転されたり、現在の中央大学である英吉利法律学校が開校するなど神田周辺には多くの私立学校が出来ていました。これらはいずれもアの1880年代です。これを選ぶのは難しいと思いますが、慶應義塾を創設した福沢諭吉が主に明治時代に活躍したことや、現在の早稲田大学である東京専門学校が、大隈重信によって明治時代につくられたことを結び付けて考えられれば正解できるかもしれません。

以上、開成の「東京問題」を紹介してきました。中学受験指導を行う立場としては、配点が高いわけではないので、これらの問題のために受験勉強の多くの時間を割くのはもったいないという思いもあります。入試で重箱の隅をつつく問題が出されると、対策する側もより細かく、よりマニアックに用語を覚えさせようとする傾向があり、結果として暗記偏重になりがちです。一方、自分が住んでいる地域について知ることも大切な勉強です。開成の入試問題からそのようなメッセージを読み取ることができます。直前期に詰め込むというより、小学生のうちから東京の街並みを散歩する中で気づくことが理想と言えるでしょう。

灘の国語

卒業生の多くが東大・京大、医学部に進学する灘中の入試には、社会の試験がありません。「算数・国語・理科」の3教科で試験が行われます。国語の特徴として、言葉を多く知っているかどうかによって差がつく問題が多く出題されます。ここでは「灘が求める知識」をテーマに、言葉に関する問題を見ていきます。まず、灘中で頻出の外来語からです。

スで終わる外来語

次の1～6の文の（　　　）に入れるのに最も適当な「ス」で終わる外来語を、後のA～Fから選び、記号で答えなさい。

1　自然の豊かな公園は、都会の人々の心に安らぎをあたえる（　　　）だといえるだろう。

2　いくら高い服でも、選ぶ人の（　　　）が悪いと、あまりいいものには見えない。

3　平日昼間と比べると、（　　　）街の休日は、ほとんど人通りがない。

4　報道された情報の（　　　）は明らかにされていない。

5　気楽に参加した討論会だが、予想外に（　　　）な内容でおどろいた。

6　（　　　）の効いた皮肉は会話の中で有意義な役割を果たす。

実際の入試では記号選択問題でしたが、まずは選択肢を見ないで考えてみてください。

前半3問はとても易しい問題です。

1はオアシス、2はセンス、3はオフィスです。

1のオアシスには、次のような意味があります。
①砂漠の中でも水が得られ樹木が生い茂っているところ。
②心に安らぎを与えてくれる場所。
今回は②の意味ということになります。

2のセンスには、次のような意味があります。
①物事の感じや味わいを微妙な点まで悟る働き。
②判断力。良識。
今回は①の意味ということになります。②は「政治家としてのセンスが問われる」というようなときに使われます。

3のオフィスは、会社や事務所のことを指します。これがもっとも簡単な問題でしょう。

では、後半の3問に進みます。大人なら簡単に答えられる問題もあるでしょうが、小学生には難解です。ましてやそうそう使わない言葉です。

ヒントとして、実際に与えられていた選択肢を載せます。難しいという方はこの選択肢を見ながら、再度答えを考えてみてください。

A　オアシス　B　オフィス　C　シリアス
D　スパイス　E　センス　F　ソース

4はソース、5はシリアス、6はスパイスです。

ソースと言っても、sauce と source では意味がまったく異なります。前者は料理のソース、後者は源、出典のことを指します。今回の4のソースはもちろん後者。すなわち、情報源が明らかにされていないということです。フェイクニュースという言葉が当たり前に使われるようになりました。事実と異なり、情報源も明らかではないフェイクニュースがインターネット上で拡散され、人々の思想や行動にまで大きな影響を与えるようになっています。また、世界の政治家の中には、情報源が明らかなニュースであっても、フェイクニュースと決めつけることで人々の支持をつなぎとめようとしているケースもあるようです。２００９年に一度、ニュースソースを熟語にする問題（解答：情報源）を出題している灘中で、２０１８年にまたこのような問題が出題されたのも偶然ではないでしょう。入学してもらいたい、メディアリテラシーを持った生徒、世間で使われる言葉に敏感である生徒には、この程度の単語は知っておいてほしいと考えたのだと思います。
5のシリアスも、大人であればよく聞く言葉です。次のような意味があります。
①まじめな様子。
②深刻な様子。
この文章では果たしてどちらの意味でしょうか。①でも②でも意味が通ります。「シリアスなドラマ」の場合は①、「シリアスな状況」の場合は②で使われることが多いでしょう。何となく②だけの意味で使っている人もいるかもしれません。ここは気楽に参加した討論会とあるので、深刻な内容というより、まじめな内容、話し合いだったということで①の意味だろうと思います。

6のスパイスを出題するあたり、灘の語彙問題はスパイスが効いています。次のような意味があります。
①香辛料。薬味。
②適度な刺激をもたらす要素。
料理の味を調えたり、刺激を与えるための香辛料という意味では当たり前に使うスパイスという言葉も、そういえばこのような比喩で使われると思い出させてくれる問題でした。

しかし、それを小学生が知っているかと言えば、かなり本を読み慣れた子でもなければ、この比喩自体、目にしたことがないかもしれません。

外来語問題

では、続いての外来語の問題です。

「連休」とは、「ゴールデンウィーク」のことですが、これは「ゴールデン」と「ウィーク」の二つの外来語を合わせたものです。次の1〜8の［　　］に適当な外来語を入れて、直後の外来語と合わせた一つの言葉を作りたいと思います。それぞれ最も適当なものを後のA〜Hから選び、記号で答えなさい。ただし、同じものはくりかえして使えません。

1　熱心に練習するのはよいが、［　　］ワークにならないように注意しなさい。
2　彼は今［　　］テンションでしゃべり続けている。
3　今日の新聞の［　　］ニュースは、アメリカ大統領選挙の結果についてだった。

4　今日のフランス料理の［　　　］ディッシュは、鹿のローストだった。
5　私はお酒が飲めないので、［　　　］ドリンクを注文します。
6　彼女は［　　　］トレーニングを積んで、一流選手になった。
7　インスタントでなく、手間ひまをかけた料理は、［　　　］フードと呼ばれる。
8　再生紙を使えば、［　　　］コストで本を作ることができる。

この問題も実際の入試では記号選択でしたが、選択肢を見ないで考えてみてください。

まず、最初の3問を見ていきましょう。

1はオーバー、2はハイ、3はトップです。いずれも易しい問題です。ただ、1については、ハードワークと考えた人もいるかもしれませんが、不正解となります。ハードワークとはきつい仕事、重労働のことを言いますので、今回のような「練習」にはそぐわない言葉になります。また、後の問題でハードを使うことからも、正解にはなりえません。「同じものはくりかえして使えません。」という注意書きが問題文にあります。

続いて、飲食に関する4、5、7です。

4はメイン、5はソフト、7はスローです。7は少し難しい問題だったのではないでしょうか。ファストフードという単語は当たり前のように使われていますが、スローフードという言葉は小学生には耳慣れないかもしれません。実はこのスローフード、比較的新しい単語ということをご存じですか。1986年にイタリアで提唱され、世界に広がっていった運動から出た言葉です。ファストフードに対して唱えられた考え方であり、食の画一化に対して危機感を持ち、郷土に根付いた食材や食文化を見直そうというのです。スローガンは「GOOD, CLEAN, FAIR」。おいしく健康的で（GOOD）、環境に負荷を与えず（CLEAN）、生産者が正当に評価される（FAIR）食文化を目指すということ。日本でも、その土地で生産されたものをその土地で消費する地産地消という言葉が根付いていますが、FAIRという意味までは含んでいません。「フェアトレード」という言葉は中学入試でも近年出題されるようになってきました。これは第4章で取り上げます。

なお、今回の問題では、本来の運動のことまで読み取ることはできません。単に、手間ひまをかけた料理ということだけ書かれていますが、インスタントではなく、という文章から、ファストフードに対するスローフードを導き出させたかったのでしょう。

では、残りの6、8です。

6はハード、8はローです。6はよく聞く言葉なので楽に答えられたのではないでしょうか。先ほど取り上げた「ハードワーク」や「ハードな日程」というように、厳しいという意味や激しいという意味で使われます。イギリスによるEUからの離脱において、「合意なき離脱」を「ハードブレグジット」と言いますが、これは強硬な離脱という意味になります。8もよく聞く言葉です。ローは低いという意味ですので、再生紙を使うことでコストを抑えられるということです。

さて、ここまで全問正解できたでしょうか。次はやや難しい問題です。

「コンプレックス」は「自分が相手よりおとっているという感情」という意味ですが、このように「〜ックス」という形で、次の1〜4の意味になる外来語を答えなさい。

1　正統的であるようす。
2　最高に盛り上がったところ。
3　高級でぜいたくなようす。
4　くつろいでゆったりした気分になること。

一つずつ解説していきます。

1はオーソドックスです。よく使う言葉ではありますが、「オーソドックスな解法」とか「オーソドックスな料理」という場合、一般的という意味で使っている人も少なくないのではないでしょうか。正統的と言われてもピンとこないかもしれません。もともと、ギリシャ語の「正しい意見」「正しい教え」という意味の単語からできた英語なので、一般的ではなく正統的が正しい訳語になります。

キリスト教の主要な3宗派を知っていますか。カトリックがもっとも多くキリスト教信者の約50%、それにプロテスタント、ギリシャ正教会と続きます。この正教会、英語にすると「オーソドックスチャーチ」となります。

2はクライマックスです。これは難しいと思いきや、意外と小学生は正解できました。特に野球少年はプロ野球の「クライマックスシリーズ」を知っています。セ・リーグ、パ・リーグのそれぞれ上位3チームが日本シリーズの出場権をかけて戦う試合のことです。では、このクライマックスの由来は何でしょうか。これもギリシャ語です。傾きを意味する動詞に由来する「はしご」のギリシャ語から来ているのです。登るという英単語はclimbですが、語源は同じく傾きです。傾きがあるから登るのであり、そのmaxだから最高潮とか頂点になるのです。よく英語の勉強には語源を知ることが大切だと言われますが、こういうところでも関わってきます。

3はデラックスです。ホテルに宿泊する部屋がスタンダードルームではなく、デラックスルームだったという経験があれば答えられるでしょうか。私はラグジュアリーと思い浮かべてすぐにデラックスと思いつかなかったのですが、小学生の中に簡単だったと言う生徒がいました。なぜと聞くと、「だって、マツコ・デラックス」とのこと。司会者として、あるいはタレントとして有名なマツコ・デラックスは小学生にもおなじみの存在であり、簡単に思いつく生徒が多くいたのでした。灘の先生がそこまで考えて出題したのかどうか定かではありませんが、2のクライマックスも3のデラックスもテレビではよく見る単語となりました。

4はリラックス。くつろぐこと、ゆったりとした気分になることです。

灘中では伝統的に外来語が出題されています。日常で目にしたり耳にしたりする外来語をスルーするのではなく、意味を確認したり、使いこなせる生徒を求めているのでしょう。

どたばた・はるばる

続いて、日本語に関する問題を見ていきましょう。

「どたばた」「はるばる」のように、二文字目と四文字目が同じひらがなである言葉はいろいろあります。次の1～6のそれぞれの□に同じひらがなを入れ、（　）内の意味を表す言葉を完成させなさい。解答らんには、そのひらがな一字を書きなさい。

1　ち□ほ□（まばらで数が少ないようす）
2　へ□も□（うろたえまごつくようす）
3　つ□こ□（うるさく文句を言うようす）
4　や□も□（気をもんでいらいらするようす）
5　あ□せ□（気ぜわしく行うようす）
6　し□じ□（心に深く感じるようす）

生徒が解いたときにもっとも不正解が多かったのは2でした。その次に出来が悪かったのは4でした。いずれも耳慣れない言葉です。1と3はクラス全員が正解しました。

さて、それでは一つずつ見ていきましょう。

1はちらほら。「桜の花がちらほら咲き始める」といったように使います。まばらという言葉を知らない小学生も少なくありませんが、灘中を受験するレベルであれば、大多数が知っているでしょうし、この問題も難しくありません。

2はへどもど。「突然指名されて、へどもどする」といったように使います。まごつくという言葉も小学生にとっては簡単ではありません。これがすんなり正解できるようであれば、相当な語彙力があると言えます。受験テクニックも教える身としては、30秒考えて思いつかなかったら飛ばして先に進むように指導します。このような問題で分からないと、「あ」から順番にすべて試す生徒がいます。「へあもあ、へいもい、へうもう、へえもえ、へおもお」といったようにです。そんな方法で簡単に正解できる問題を灘中が1〜6の前半に置いているはずがありません。この問題は濁点が含まれるので五十音すべて試しても徒労に終わる問題でしたから、分からなければ割り切ることも受験では必要になります。

3はつべこべ。もしかしたら、親から「つべこべ言わずに勉強しなさい」と言われた経験が多く、解きやすかったかもしれません。

4はやきもき。日常生活で使う人はほとんどいないでしょうから、小学生にとっても大人でもなじみが薄い、何となく意味は知っているという単語ではないでしょうか。「模試の結果がいつ返却されるかやきもきする」といったように、じれったい、もどかしいときに使う言葉です。

5はあくせく。4のやきもき同様、落ち着かないときに使う言葉です。「あくせく働く」というと、額に汗して真面目に働くという意味に誤用されることもあるようです。一生懸命に働くということであれば間違ってはいないのですが、落ち着かない、目先のことにとらわれているといったネガティブな意味を含んで使われることが多い単語です。

6はしみじみ。今回の問題の意味だと「しみじみと恩を感じる」といったように使います。物静か、しんみりという意味だと「亡くなった人のことをしみじみ語り合う」といったような使い方になります。

このように、意味から言葉を見つけ出せるかどうかを問う問題は頻出です。もちろん豊富な語彙がなければとうてい解くことはできませんし、それに加えて問題に合う言葉を引き出せるかどうかも試されています。制限時間が厳しい中でじっくりと考えることもできないという意味では、かなり難度が高い問題と言えます。

「あ」で始まる日本語

次の問題も時間をかければ正解することはできますが、パッと答えが出せるかどうかが試される問題です。

> 次の1〜4の文の［　　］に入る言葉をそれぞれ答えなさい。ただし、すべて「あ」で始まるひらがな三字で、「あ」以外の二字もア段（あ、か、さ、た…）です。
>
> 1　かれは見るからに不満を［　　］にした顔つきをしていた。
>
> 2　不注意から、［　　］大事故になってしまうところだった。
>
> 3　父は有能で、いろんな企業から引く手［　　］だったそうだ。
>
> 4　中学に入学し、思いを［　　］にして学習にいそしむ。

すべて「あ」で始まり、二文字目と三文字目は「あ、か、さ、た、な、は、ま、や、ら、わ」のいずれかとなります。

1はあらわ。「見るからに」という言葉がヒントになります。あらわを漢字で表すと、露または顕となります。今回の文章では、露骨に不満な顔つきをしているということです。

2はあわや。「なってしまうところだった」ので、実際には起こっていないことが分かることをヒントにできます。実際にはそうならなかったが、悪いことになりそうだったという文脈で使われます。この言葉は悪い意味で使われるため「あわやホームランという打球でした」という野球の実況解説は正しくない表現ということになります。もっとも、明らかに特定のチームを応援している実況で、打たれた側なら使える表現ではあります。

3はあまた。「引く手あまた」という言葉はよく使われますので、気づきやすい問題だったのではないでしょうか。もっとも、小学生にとっては難解です。あまたは漢字で数多と書き、たくさんという意味があります。古文では頻出の単語です。たとえば『源氏物語』では冒頭に「いづれの御時にか、女御、更衣あまた候ひ給ひける中に」(桐壺)という文があります。現代語訳すると「どの天皇の時代であったでしょうか、女御や更衣がたくさんお仕え申し上げていらっしゃった中に」となります。

4はあらた。「思いを新たにする」と言われればよく聞くフレーズだと分かりますが、自分で気づく必要がありますから、そう簡単ではありません。

「あ」で始まって「く」で終わる日本語

灘のこのタイプの問題はよく出題されます。次は別の年度のものにチャレンジしてみてください。

次の1〜5の［　　］には、「あ」で始まって「く」で終わる言葉が入ります。（　）内の意味となるように、解答らんに合わせてひらがなで答えなさい。ただし、同じ言葉は一回しか使えないものとします。

1 ［　　］働いているのに暮らしが楽にならない。（心にゆとりがなくせわしなくことを行う様子）

2 ［　　］の雨天の中、開会式が行われた。（期待や目的にそわずぐあいの悪い様子）

3 強いチームに挑戦したが、［　　］敗れ去った。（はかなくあっけない様子）

4 ［　　］世界に知られるような人物になりたい。（広く全体に行きわたっている様子）

5　好きな歌手のコンサートに［　　　］通う。（同じ場所にひんぱんに出向く様子）

1はあくせく。先ほども登場しました。このような入試問題、特に知識分野は同じ問題が出されることもありますから、過去問演習は有効です。

2はあいにく。漢字で書くと生憎です。

3はあえなく。もしかすると、あっけなくと答えた人がいるかもしれませんが、（　）内の意味にあっけない様子と書いてありますから不正解です。

この3問は正答率も高かったのではないかと思います。ここから先は難問です。

4はあまねく。

なお、すべからくという言葉も同義だと考えていたら、それは誤りです。文化庁では毎年「国語に関する世論調査」を行っています。2010年度の調査では、すべからくについて本来の意味である「当然、是非とも」という意味を答えた人、「全て、皆」という意味を答えた人の割合がどちらも4割前後という結果でした。「最近の若者は全然言葉を知らない」と年配の方からお叱りの声が聞こえてきそうですが、この文化庁の調査で驚いたのは４割程度しか分かっていなかったことより、次のようなデータが示されたことでした。

正しい意味である（イ）より（ア）を選んだ割合が多かったのは60歳以上のみ。この問題に関しては、最近の若者を責めることができない結果となりました。なお、この入試問題が出題されたのは２０１５年、そして文化庁のデータが公表されたのは２０１１年。灘も文化庁のデータを見た上で、入試問題をつくった可能性があると思いました。

５はあししげく。この表現を使う小学生がいるのだろうかと思いますし、なぜこのような問題が出されたのだろうと考えました。これも文化庁に関する私の考察をお伝えしたいと思います。文化審議会国語分科会は２０１３年、新たに漢字小委員会を設置し、そこでは「常用漢字表の手当てについて」の『「異字同訓」の漢字の用法』を取り上げて検討を重ねてい

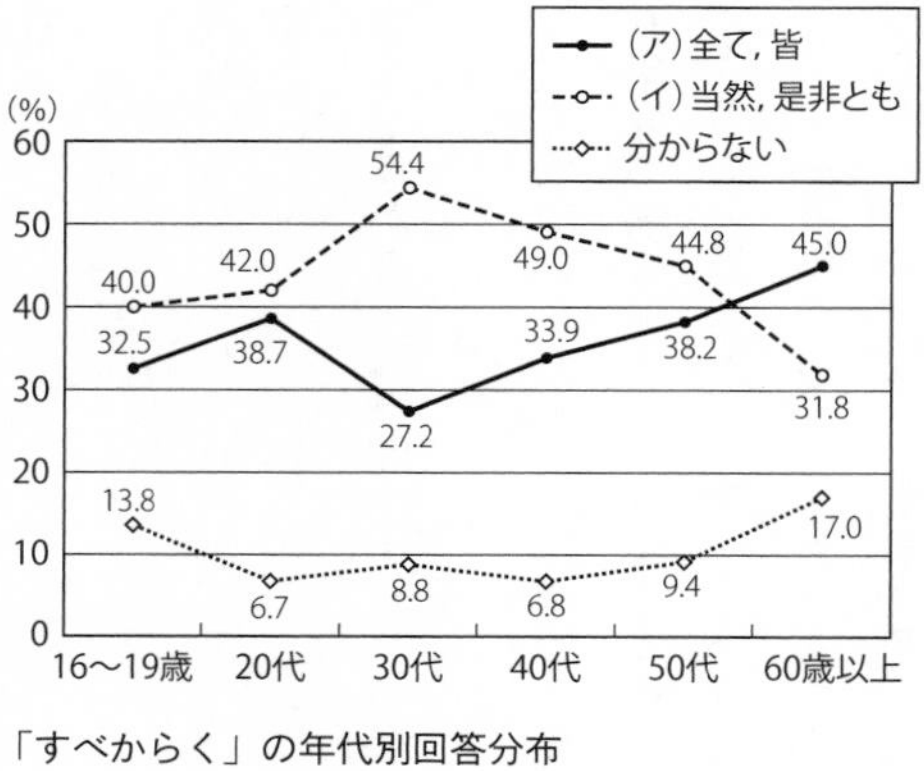

「すべからく」の年代別回答分布

ます。そして２０１４年に公開された報告の中に「足」「脚」の使い分けが記されており、例として「足しげく通う」があります。先ほども書いたようにこの問題が出題されたのは２０１５年です。そしてこの報告の公開が２０１４年。出題に影響を与えた可能性を考えてしまいます。

なお、漢字小委員会は２０１６年まで行われました。（中学）受験業界における有名な指針は、手書きの楷書《かいしょ》ではいろいろな書き方があるというものです。たとえば「寺」という字の４画目の長短は字体の判別の上で問題にならないとされたり、「点」の字の下部の点の方向にもいろいろな書き方があり、字体の判別の上で問題にならないとされたものです。「木」「門」などのトメ、ハネも柔軟に解釈されるようになりました（図を参照）。

以前とは異なり、漢字の書き方は柔軟になっているのです。

手書き文字の例

「〜める」を考える

それでは灘の国語の最後の問題です。

次の1～5の（　）には、例のように五字の「～める」という形の言葉が入ります。それぞれの（　）に入る言葉を答えなさい。ただし、同じ言葉は一回しか使えないものとします。

例　空らんに答えを（　　　める）　〔答え〕あてはめる

1　連休でゆるんだ気分を（　　　める）
2　口げんかで相手をこてんぱんに（　　　める）
3　うそを見ぬかれて顔色が（　　　める）
4　不祥事で学校の評判を（　　　める）
5　友人にお祝いの手紙を（　　　める）

1はひきしめる。これは塾の生徒が解いた際、いろいろな誤答が見られました。たとえば、いましめる。確かに、いましめるという言葉は罪を犯したり失敗したことをとがめる意味と、罪を犯したり失敗したりしないように注意する両方の意味があります。後者であれば意味が通ると言えなくもありません。ただ文章からは失敗しそうだとまでは読み取れず、ひきしめるの方が適切と言えるでしょう。ほかにも、たしなめる。よくない点に対して注意を与えるという意味があり、そういう場面もあるかもしれません。ただ、これも文章からは2人のやり取りとは考えにくいので、一人称のひきしめるが適切と説明できます。ここでの意味は、心や気持ちを緊張させるとなります。

2はやりこめる。相手の弱点をついたり、言い負かしたりして黙らせるという意味です。

3はあおざめる。顔から血の気が引いている様子で、ショックを受けたときなどに使われます。ここでは、うそを見ぬかれているので、動揺を隠せない状態だと考えられます。

4はおとしめる。不祥事というマイナスの出来事によって、評判を下げるということになります。おとしめるには、軽蔑するという意味もありますが、ここでは下落させるという意味で使われています。

さて、最後の問題です。突然ですが「認める」と書いて、何と読むでしょうか。「みとめる」も正解ですが、もう一つあります。それは「したためる」。5の答えとなります。小学生が使うことはまずないでしょうし、聞いたことがない生徒も少なくなかったでしょう。したためるには、書き記す、食事をする、用意するなどの意味がありますが、現代では書き記すという意味でしか使わないように思います。

祖父母の言葉が語彙力を育てる

ここまで灘中の言葉に関する入試問題を見てきました。

世の中の変化によって一般的に使われるようになってきた外来語、そして古風だったり、日常生活において絶滅危惧種のようになってきた日本語など幅広い言葉を求められることが分かります。

いったい、どうすれば語彙力を身につけられるのでしょうか。私が『合格する親子のすごい勉強』（かんき出版）の出版記念セミナーなどで、よく語彙力を身につけるための方法として紹介するのは、祖父母など年配の方と積極的に話すということです。特に祖父母は孫に対して合わせることなく、遠慮なく自分の言葉で話します。これがいいのです。日常生活ではなかなか使うことがないような言葉に触れて、何となくでも意味を理解すればそれが語彙力につながっていきます。

言葉のシャワーを浴びることがいいとは分かっていても、現代の親世代は共働きも多く、なかなか子どもにじっくり向き合うことができません。親子の会話が大事だと言われても、物理的に無理なものは仕方がないのです。かといって、問題集ばかりでは語彙力は身につかないものですし、家庭教師や塾などにアウトソーシングするのも難しい分野です。

だからこそ、夏休みなど子どもだけでも祖父母との時間を持たせるようにして、少しでも年配者との会話量を確保してはいかがでしょうか。ただし、外来語は不得手かもしれません。そこで、中学入試対策のために文化庁の「国語に関する世論調査」には目を通し、どのような語彙を取り上げているのか確認しておくことをおすすめします。平成29年度はガイドライン、インバウンドなどの外来語も取り上げられていました。今後も文化庁が行う世論調査や、文化審議会国語分科会の報告や答申には受験国語へのヒントが詰まっていることでしょう。

第2章

麻布・渋幕が求める「思考力」

麻布の社会

麻布学園は制服もなく、校則もほとんどありません。そのため、自由な学校と評されています。文化祭の盛り上がりも相当なものです。

一見、ユニークな問題が出されるのですが、そこには麻布が求める教養を読み取ることができます。

では問題を見ていきましょう。

相撲と制限時間

相撲では、勝負の始まりを「立ち合い」といいます。「立ち合い」までに何度も力士が土俵の上に両手をついてはにらみ合うことを「仕切り」といいます。むかしは「立ち合い」までの時間に制限はありませんでした。ラジオ放送が始まった１９２８（昭和3）年には、幕内力士で10分の制限時間が定められ、１９５０（昭和25）年からは4

分に制限されました。

なぜ、そのような制限が必要になったのでしょうか。その理由を答えなさい。


大相撲の中継は夕方6時までと決まっています。6時になるとNHKはニュースの時間となりますから、その前に相撲中継を終わらせなければなりません。

今回の問題は、3行目にヒントがあります。ラジオ放送が始まった1928年に10分の制限時間が定められたと書いてありますから、ラジオ放送と時間の関係を考えていけばよいのです。

ラジオの放送時間の中で、相撲に充てられている時間は決まっていますから、必ずその時間内に終わらなければなりません。そうすると勝負の始まりである立ち合いまでの間、これを仕切りというのですが、この仕切りで時間を調整してちょうど放送時間内に終わらせる必要があるということになります。

ちなみに現在の仕切りの時間は幕内で4分となっています。塩をまいたり、四股を踏んだりする中で、制限時間が来たら勝負となっています。ただ時には大相撲となり時間が長くかかってしまう一番もあることでしょう。そうすると次の取組の仕切りを短くするのです。逆にすぐに勝負が決してしまえば、次の仕切りを長くして時間調整をしているのです。

こうやって夕方5時半ごろになると大関や横綱が登場し、6時前には終わるということになっているのです。大関や横綱の取組が熱戦になり長い時間となってしまうと6時を過ぎる可能性も出てきますが、おおむね6時にはきっちり終わっています。

解答例：ラジオの放送時間内に終わらせる必要があるから。

サッカーPK戦、柔道ポイント制

このように放送時間との兼ね合いからスポーツのルールが決められているということが分かります。では、同じ観点で解ける問題を紹介しましょう。過去問を勉強していると、異なる問題でも同じ視点で解くことができるという例です。

左の表は、サッカーのペナルティーキック戦と柔道のポイント制のルールをそれぞれ説明したものです。このような制度はテレビやラジオで中継するうえでどのような利点があるでしょうか。表を参考にして答えなさい。

サッカーのペナルティーキック（PK）戦	柔道のポイント制
同点のまま試合時間が終わった場合、両チームそれぞれ5人の選手が交互にペナルティーキックを蹴り、得点の多い方を勝者とする方式。	試合時間4分のなかで、技を決める「一本」勝ちが出ない場合、「一本」に近い有効な技に与えられる、「技あり」の判定を多く取った方を優勢勝ちとする方式。

柔道のルールがたびたび変更されているのはご存じですか。今では、「有効」や「効果」はありません。「一本」と「技あり」で勝負が決まります。このようなルール変更が行われたのは放送時間のためだけではありません。たとえば有効や効果のような小さな技だけのポイントで試合が決まってしまうと、一本を目指す柔道の本質から外れてしまうとか、醍醐味が薄れるとか、そういう理由で変更が加えられたのでしょう。

今回の問題はテレビやラジオで中継をする上でどのような利点があるのかを考える問題です。もし、一本を取ることが柔道の本質だからといって、一本が出るまでずっと勝負をしていたらどうなるでしょう。試合が終わる時間が読めませんし、大幅に予定時間を延長してしまうかもしれません。サッカーのペナルティーキック（PK）戦も同様です。リーグ戦なら引き分けで終わることもできますが、トーナメント戦なら勝負を決めなければなりません。90分で決着がつかず、さらに延長30分を与えても決着がつかなければ、PK戦になる。そうすると、2時間半程度で試合が終わるので、時間が読めるわけです。サッカーも柔道もテレビ放送があります。特にワールドカップやオリンピックといった大きな大会ともなれば、放映権料も高く、ビジネスの要素がより強くなります。きちんと時間を守らなければならないのです。

解答例：放送時間内に、試合の決着まで放送することができる点。

野球だとそうもいきません。最近は地上波で野球中継をする局は減りましたが、午後8時50分頃になると「後はスポーツニュースでご確認ください」というようなテロップが流れ、試合途中のいいところで放送が終わってしまった――こういう経験があるのではないでしょうか。

それと比べてサッカーや柔道というのは試合時間がほぼ決まっていますので、テレビ放送する側としても都合が良いということになります。

とは言え、野球も変わってきています。高校野球でも「タイブレーク制」が導入されているのです。かつて高校野球は延長18回まで行い、引き分けの場合は再試合となりました。斎藤佑樹と田中将大の見事な投げ合いとなった「早稲田実業VS駒大苫小牧」は、名勝負として語り継がれています。しかし今では延長戦で一定の回以降になると、どちらのチームも「ノーアウト1塁・2塁」からスタートし、得点が入りやすくなっています。決着を早めるための措置と言えます。高校野球の場合は、選手の疲労への配慮が大きいと思いますが、2008年の北京オリンピックでも延長11回からタイブレークとなりましたし、2020年の東京オリンピックでも同様の予定です。このように、放映権と密接な関係のあるスポーツは、「試合時間が計算できる」ことが求められているのです。

東京オリンピックの競技の開始時間というのも放映権に関係があります。

競技によって日本時間の朝あるいは夜に行おうとしているのは、アメリカやヨーロッパの国々にとって視聴しやすい時間に設定されているということがあるのです。たとえば、東京オリンピックにおいて、競泳や陸上競技の決勝が午前中に組み込まれているものがあります。それは、日本が午前だとアメリカ本土は夜になるので、視聴されやすくなるからです。マラソンを早朝に実施しようとしていたのは暑さ対策のためなど、別の要因もありますが、試合時間の決定には放映権が密接にかかわっているのです。

このようにスポーツとビジネスというものは切っても切れない関係にあるわけですから、放送時間にルールが影響されるということも出ています。

パッケージ旅行のいいところ

次も同じく、お金に関する視点があれば楽に解くことができる問題です。

> パッケージ旅行には参加する観光客にとってどのような利点がありますか、一つ答えなさい。

パッケージ旅行というのは、よくツアーと言われる、団体で行動する旅行です。毎日のように新聞にも「フランス・イギリス7日間15万円」とか「ソウル3日間2・9万円」といった広告が出されています。

初めて海外に行くという人にとっては、その土地で言葉が通じるかどうか、どこを回っていいか分からないといった不安が先行するものです。そのような人たちにとっては添乗員付きのパッケージ旅行というのは魅力的なことでしょう。また、すべて自分で予約するというのは、手間がかかります。海外旅行だと英語などで入力しなければならないことも人によっては大きな負担です。

最近では、「Booking.com」や「エクスペディア」といったホテル仲介サイトも充実していますし、「Google フライト」「エアトリ」などでは多くの航空会社の便を一度に検索でき便利になっていますから、以前よりはパッケージ旅行の利便性も薄れてきています。それでもツアー会社に任せてしまうのは精神的にも楽です。

もう一つ、旅行費を抑えることができるという点もあります。予約を代理で行ってもらうので手数料が加算され、高くなると思いきや、そうでもありません。パッケージ旅行は、旅行会社が企画していますから、ホテルや航空機の時間などは決められていたり、申し込んだ後に旅行日が近くなってからでないと確定しなかったりします。そのように融通が利かない分、安くなっているのです。また、団体で行動するツアーであれば、現地での移動は大型バスだったりします。そういう点で移動費を抑えることができるので、パッケージ料金というのは比較的安く設定されていることがあるのです。ただし、参加した方は分かると思いますが、このパッケージ旅行というものにはマイナス面もあります。

たとえば、団体ツアーの途中でツアー会社が指定したお土産店に連れて行かれ、そこで買い物を勧められるといったことがあります。つまりパッケージ旅行の代金を安くしている代わりに、取引関係のある店にツアー客を連れて行き、そこで購入させることで、キックバックや手数料をツアー会社や添乗員が得るといった構図があるのです。ですからパッケージ旅行において、その店に立ち寄ることというのは拒否できないような文言が案内に記載されていたりします。

あるいは、ホテルが指定できないプランの場合、設備が整っていないホテルになったり、周辺へのアクセスが悪い人里離れたところに宿泊することになる可能性もあります。

解答例1：旅行代金を抑えることができる点。
解答例2：宿泊先や交通機関などの予約を一括で行ってもらうことができて、手間が省ける点。

ここまで「お金」に関係する問題を見てきました。小学生だから知らなくていいではなく、小学生にも大人の世界や大人の事情を知ることを求めているのです。ただ、何も金銭感覚に優れただけの「大人びた」子を求めているというものでもありません。次のような問題こそ、麻布が求める思考力が試されていると感じます。

お金がもたらす問題

健康保険のように、貧富によって差をつけてはならないにもかかわらず、現実にはお金の力に左右されてしまっていることがらがあります。そのようなことがらの具体例をあげて、どのような問題を引き起こしているかを説明しなさい。

国民皆保険制度は日本の誇るべき制度の一つでしょう。所得や支払う保険料にかかわらず、健康保険によって同じ医療を同じ値段で受けられるのです。

もちろん、財源不足、財政再建の問題から社会保障制度も今の水準をそのまま保ちながら存続していくことは難しいかもしれません。しかし、アメリカのように収入によって受けられる医療に大きな差がついてしまうような状況を、日本人は求めないのではないでしょうか。

さて、この問題。健康保険のように貧富によって差をつけてはならないにもかかわらず、現実にはお金の力に左右されてしまっていることの具体例をあげて説明するというものです。実は、実際の入試問題では問題文に大きなヒントがありました。「医療や福祉、教育、政治」などがテーマになりえると書いてあったのです。ただ、160字以上200字以内というかなり多い字数設定であり、具体的に書くことが求められる、とても難しい問題です。

解説を続けましょう。

まず教育について。格差の固定化という言葉はよく耳にすると思います。親の所得が高く経済的に恵まれた家庭に生まれた子どもは、受けられる教育の質が高くなりやすい。しかし、親の所得が低く経済的に恵まれていない家庭に生まれた子どもだと、教育にかけられる金額が少なくなるため、受けられる教育の質が低くなりやすい。そうなると、貧しい家庭で育つと高い学歴を身につけることが難しく、結果として就ける職業も限られることが多くなります。もちろん例外もあるでしょうが、世代を超えて貧富の差が固定化されやすいのは事実です。本来、教育の機会は平等であるはずなのですが、公教育では足りないとなった時に、お金によって受けられる教育の質が変わってきてしまうのです。中学受験やそれに向けた勉強も、お金に左右される部分があります。麻布の先生もジレンマを感じていて、それがこの問題の作成につながったのかもしれません。

では、政治の場合はどうでしょうか。世襲議員をイメージすれば楽に解けそうです。政治家になるには、たくさんのお金がかかります。一度の選挙に数千万円以上かかるとされているので、お金がないと立候補すら難しいとされてきました。お金をたくさん使える候補がたくさん宣伝もできますから、有利になります。しかも親が国会議員などの政治家であればそのまま支持者を引き継ぐことができて、さらに有利です。親が政治家であってその地盤を引き継いで政治家になった場合、世襲議員と呼ばれるのですが、そういう人はかなりいます。安倍晋三首相も小泉進次郎環境大臣も世襲議員の一人です。世襲議員だからダメだとか、能力がないというわけではありません。優秀な人もたくさんいるでしょう。しかし、国民の代表として選ばれる政治家になりやすいかどうかが、お金の力で変わってしまうという現状もまた事実です。一方、現代的な選挙戦を展開する人も出てきました。ワンフレーズで過激な主張を言ったり、政見放送でおよそ公共放送にはふさわしくないような用語を使って、組織などを批判することで注目を受けます。そして毎日のように主張をYouTubeにアップして、その動画再生回数に応じた広告収益を選挙資金としているのです。一般的にYouTubeの収益はテーマや長さにもよりますが、視聴回数×0・1~0・2円が目安とされています。たとえば「NHKから国民を守る党」の立花氏は、2019年8月の動画再生回数が合計で5000万回以上、動画収入は1000万円を超えていたと公表していました。このような資金の集め方も出てきています。

いずれにしてもお金なしでは選挙に出ることすら難しく、当選することも難しいのです。このような現状に一石を投じたいとまで思ったかどうか分かりませんが、小学生にも知っておいてほしい、考えられるようになってほしい、そういう気持ちを作問者は持っていたのでしょう。福祉も含めて3つの解答例を紹介します。

解答例：

【教育】経済的に豊かな家庭では教育費に高い金額を充てられるため、子どもはより質の高い教育を受けることができ、高い学歴を身につけ、高い収入が得られる職業に就く機会が多くなる。一方、所得の低い家庭の子どもは受けられる教育の質が低くなりがちで、学歴の面で不利となり、職業も限定されやすい。親の経済力によって子の教育の質が左右された結果、格差が世代を超えて固定化し、さらに拡大していくという問題が生じる。（１９４字）

【政治】選挙に出馬するためには多額の資金が必要であるため、意欲や能力が高かったとしても、経済力が低く資金が準備できなければ立候補すらできない。一方、豊富な資金があれば少なくとも立候補はできるので、経済力によって政治家になる機会の有無が決まる。さらに、親が政治家であれば資金だけでなく支持者なども引き継ぐことができるため、世襲議員が増える。その結果、国民の代表者としての国会議員の性質が担保されなくなる。（１９７字）

【福祉】温泉や娯楽施設などもあるような高額の老人ホームに入居する高齢者がいる一方で、老人ホームに入居する経済力がなく、十分な介護も受けられないような高齢者も存在する。経済的に豊かな高齢者と、そうでない高齢者とでは受けられる介護やサービスの面で大きな差があり、健康で文化的な最低限度の生活が保障されない老後を送る人もいる。そのような人は孤独死を迎えやすくなるなど、社会問題にもつながっていく。（191字）

単に金銭感覚に優れた、「ませた」小学生を求めているわけではないことが、この問題からも分かると思います。社会的な視座を持った子、現代社会の諸問題に向き合って考えることができる子を求めているのでしょう。

政治に関する問題はほかにもあります。大人であれば当たり前に知っていそうなことが問われていますが、小学生にはなじみがないかもしれません。

政治家がテレビを利用するときにしている工夫は？

政治家が自分のメッセージを伝え、国民の支持を得ようとするときに用いる手段は、新聞、ラジオ、テレビなどがあります。新聞やラジオを利用するときと比べ、テレビを利用するときに、政治家はどのような効果をねらって、どのような工夫をしていますか。例をあげて答えなさい。

政治家は、国会中継だけではなく、日曜日の朝に行われるNHK「日曜討論」や、テレビ朝日「朝まで生テレビ！」といった政治の討論番組にも出演します。ときには、バラエティ番組に出ていることもありますよね。国民の支持を得るために、あの手この手を使うのです。

さて、今回の問題は「新聞やラジオを利用するときと比べ」という問題文の条件を読み落とさないことが大切です。新聞やラジオとテレビでは何が違うのだろう？　そう考えていけば、答えに近づくでしょう。

テレビだと映像として流れます。政治家の姿はテレビを通して、国民に見られるので、たとえば、テレビに出ているときにほおづえをついてだるそうにしていたり、足を投げ出していたら、印象が悪くなります。服装も清潔感のあるものにするでしょう。あるいは目立つために真っ白なスーツを着たりすることもあります。

テレビを利用してメッセージを伝える際には、身なりや姿勢、表情、話し方に気をつけなければなりません。良い印象を持ってもらう必要があります。特に今回は新聞やラジオと比べる必要があるので、目に見えることを答えることが求められます。

ちなみに、政治家がテレビに出るときは、メイクさんをつけることもあります。髪をしっかりセットして、化粧もして、少しでも印象をよく見せようとするのです。

どんな政治を行っているのかということだけで支持されるされないが決まるわけではなく、見た目も求められるのは、どの世界でも同じでしょう。

解答例：国民に良い印象を持ってもらうために、身振り手振りや話す態度に気をつけ、印象を悪くしないような服を着るなどしている。

最近では、ツイッターやFacebookなどのSNSや、YouTubeを使ってアピールする政治家も増えてきました。ネット選挙運動も解禁され、選挙運動期間中でも発信が可能になっているのです。ツイッターなどのSNSによっていつでも素早く自分の考えを表明できるという長所がある一方で、チェックがないままついうっかり余計なことを発信してしまい批判にさらされる可能性があるという短所もあります。

夫婦の働き方と社会の変化

先ほど、現代社会の諸問題に向き合って考えることができる子が求められていると書きました。小学生に対しても社会の変化を読み取らせるような、まるで大人の思考力を問うような問題が出題されています。

次の表は夫婦それぞれが働いているかどうかに着目して家族数を表したものです。表を見て夫婦の働き方の変化を二つあげ、そこから読み取れる最近の社会の変化をそれぞれ説明しなさい。

	総数	夫：働いている 妻：働いている	夫：働いている 妻：働いていない	夫：働いていない 妻：働いている	夫：働いていない 妻：働いていない
2000年	2870万	1319万	1032万	100万	417万
2012年	2944万	1321万	885万	124万	615万

今回は2000年と2012年を比較するという問題ですが、夫は働いていて妻は働いていないという家庭が大幅に減っていることが読み取れます。1032万から885万に減っていますね。

一方、夫も妻も働いていない家庭の数が、417万から615万と大幅に増えています。この働き方の変化というものが社会の変化とどう結びついているかを説明する必要がある問題です。

まず前者から見ていきます。夫は働いているが妻が働いていない家庭が減っているというのは、女性の社会進出の影響があります。労働力不足という問題も相まって妻が仕事に出るというケースは非常に増えています。だから、夫は働いていて妻が働いていない数が減っているのです。あるいは2012年とありますから、リーマンショックや東日本大震災を経た後という観点から説明することもできるでしょう。つまり会社で働く夫の収入が減ってしまった、不景気によるリストラなどで夫が仕事を失ったことで、妻も働く必要が出てきたというような答え方をすることもできるでしょう。現在では考えにくいことでも、わずか10年前はそもそも仕事に就くことすら難しいという鬱屈した空気が世の中を覆っていたものです。

それでは後者、夫も妻も働いていない家庭がどうして増えたのか。これは高齢化が進み妻と夫がともに年金で生活する家庭が増えたことによるものです。高齢化が進展したことにより夫も妻も働いていない家庭が増えたということですね。

解答例：高齢化が進み、夫婦ともに働かず年金で生活する世帯が増えた。
　　女性の社会進出が進み、夫は働いているが妻が働いていない世帯が減った。

このように表を読み取って答えるという問題は、「大学入試改革」の中でも重視されるポイントとなっている内容で、今後ますます求められる能力になっていくでしょう。ただ、現状では大学入試改革系の問題は、「書かれている内容や資料を正確に読み取る」ことが求められているのに対し、この麻布中の問題は変化を読み取るだけではなく、その変化が社会の変化とどうつながりがあるのかというところまで考えて説明をする必要があります。

夫婦茶碗を好まない人が増えてきたのはなぜ？

社会の変化を感じさせる問題は、ほかにも出題されています。

図1のように、夫婦茶碗とは大きさの違う茶碗をひと組にしたものです。しかし最近では、このような茶碗を好まない人も増えているようです。それはなぜでしょうか、理由を答えなさい。

図1　夫婦茶碗の一例
（図は編集部で変更）

夫婦茶碗を好まない人も増えている理由を説明するという問題です。大きさの違う茶碗を夫婦、夫と妻に見立てているわけですから、これに対して好まないという考え方もあるでしょう。夫の茶碗が妻の茶碗よりも大きいという前提になっているのです。つまり男女平等ではないというような考え方ができるのです。

女性の権利を認め男女平等にしていくという立場であれば、夫婦茶碗が当たり前のように大きさが違うことに対して納得がいかないという人もいることでしょう。

解答例：男が大きく女が小さい茶碗であると、男女同権という考え方に反するから。

もちろん、そこまで目くじらを立てることもない、これは単なる伝統だというような考え方もあります。あくまでも好まない人も増えている理由を説明するということであって、どちらの社会がいいかということを子どもたちに考えさせるというほどの問題ではありません。ただ、もう男尊女卑の世の中ではないこと、今までは当たり前と考えられてきたものについても、見直す動きがあることを考えさせたかったのだと思います。

秩父自由民権運動、政府の発表の仕方の理由

それでは最後に麻布らしさを感じる問題を３問紹介していきます。物事を冷静に客観的に見ることを求めているのでしょう。すべて同じ視点で解くことができる問題です。

> 秩父では１８８４（明治17）年に大きな事件が起こっています。銃などで武装した数万人の農民たちが政府の軍隊と衝突する事態にまでなって、自由民権運動のなかでも最大の事件として記憶されています。明治政府はこの事件を少数のならず者やばくち打ち、脱獄者が農民たちをそそのかして起こした事件であると発表しました。そして

当時の報道機関も政府の発表に従って報道しました。しかし、事件の背景には、フランスのリヨン市などで生糸価格が暴落し、その影響で農民たちの生活がひどくおびやかされたことがありました。政府は農民たちを救おうとしませんでした。農民たちには切実な要求があったのです。

傍線部について。政府はどのような考えでこのような発表をしたのですか。説明しなさい。


本当は、農民たちには切実な要求があって起こした事件だったにもかかわらず、政府は少数のとんでもない人が起こした事件と発表した。それはなぜかという問題です。

こういう問題に対してまったく答えが思いつかないのであれば、まず「もしそのまま真実を発表したらどうなるだろうか」と考えてみてください。もし、生糸価格の暴落によって農民たちの生活が苦しくなって起こされたものであり、一般の農民が起こしたものだと発表したら、と。明らかに農民たちに対する同情が湧き、政府に批判が巻き起こることになるでしょう。したがって、一部の暴徒が行ったことにした方が、政府にとって都合がよいのです。そして、報道の統制もはかっておきたいところです。メディアが真実を伝えることで、政府に逆風が吹くこともあるからです。この秩父の事件の場合、政府の統制があったのか、メディア側が自主的に判断したのかまでは分かりませんが、いずれにしても都合の悪いことは隠しておきたいというのは権力側の常であるということくらい分かっておくように、という学校のメッセージを感じさせます。反体制とかそういうことではなく、鋭い批評の眼を持ち、これくらい世の中の常識として知っておいた方がよいということなのでしょう。

解答例：農民たちが同情されるような情報が流れ、政府への不満が広がったり、似たような事件が起こることを防いだりするため。

実はこの問題、私の指導する麻布受験生にとっては簡単な問題だったそうです。なぜなら次のような問題をすでに解いていたからです。

地震についての情報統制

第二次世界大戦中にも、いくどか地震が起きています。日本の敗色が濃厚になるころ、東海地方に地震が発生し、大きな被害がでました。しかし、翌日の新聞では「東海地方で地震があったが、その被害はわずかである」という、実態とはかけはなれた報道がなされ、救援の手はほとんどさしのべられませんでした。政府による情報統制が行われ、そのためまぼろしの地震とさえよばれるようになりました。なぜ当時の政府は、この地震について情報統制を行ったのでしょうか。考えられる理由を書きなさい。

戦時中だからこそ、情報統制をはかる必要があります。国内向けには戦争の士気が下がらないようにするため、海外向けには軍需工場などの被害状況を知られないようにするためです。この国内向けの理由を考えていきます。地震の被害状況が明らかになることで、厭戦気分が広がることを恐れたのです。「欲しがりません　勝つまでは」という戦時中の標語は有名ですが、これも同じ意図が感じられます。国内の士気が下がれば、それが敗退につながると考えられるからです。

解答例：国民の戦意が失われないようにするため。

これは国家の存亡がかかっていたという状況ではありますが、いずれにしても政府にとって都合の悪いことは隠蔽するものだという時代を超えた共通性を見つけることができます。これも、麻布中の入試問題です。

このように、一見まったく異なる問題に見えて、通底する場合があります。過去問をうまく活用することで麻布の思想に触れることができれば、難解に見える入試問題も霧が晴れたように見えてくるものです。私の塾では志望校別特訓で過去問を4年分取り上げるのですが、そこでは同じ問題が出たときに解けるようにするのではなく、「麻布が求める子になる」ために何を読み取り、日々何を感じて過ごすのかということを伝えるようにしています。

スポーツの盛り上がりと政府

それでは本章最後の問題です。2020年に東京オリンピックが行われるためか、2019年の入試問題のテーマはスポーツでした。そこで1915年の中学野球の全国大会への国民の熱狂にふれた上で、次のような問題が出されていたのです。

スポーツの盛り上がりは政府にとっても都合のよいことでした。どのような点で都合がよかったのでしょうか。左の年表を参考にして答えなさい。

1917(大正6)年　ロシア革命
1918(大正7)年　米騒動
1920(大正9)年　第一次世界大戦後の不景気
1924(大正13)年　第二次護憲運動
1925(大正14)年　日本とソ連の国交樹立、普通選挙法成立、治安維持法成立

もう方向性には気づいていただけたのではないでしょうか。前2問とまったく同じ視点で解くことができます。まず、歴史的な背景を確認していきます。

1918年に起こった米騒動のきっかけは、米の値段の高騰でした。ロシア革命を失敗させるため、日本はシベリア出兵を行います。それによる米価格の高騰を見越した商人が米の買い占めを行い、値段がさらに高騰し、庶民の生活が苦しくなったのです。

1919年に第一次世界大戦が終了した後の不景気も庶民の生活を直撃しました。1914年に始まった第一次世界大戦は日本に好景気をもたらします。ヨーロッパ中が戦場となり、現地の製造業が打撃を受けます。そこで日本に大量の注文が舞い込んできたのです。大戦景気と呼ばれたこの好景気は突然大金を手にした成金を生み出す一方、物価の上昇に賃金の上昇が追い付かず、格差を広げました。好景気というものは、格差を広げる副作用を伴うものです。さらに戦後の不景気で庶民の不満は増していきます。

第二次護憲運動は、貴族院中心の政治を行う清浦内閣に対する反発から広がった運動です。これが納税額にかかわらず25歳以上の男子に選挙権を与える普通選挙法の成立につながっていきます。

この年表から読み取るべきことは、庶民の生活が苦しくなり不満を持っていること、そして行動を起こしていることです。そのような状況に対して政府はスポーツの盛り上がりを利用しようとしたのですから、目的は政府に対する批判から目をそらすということになります。

解答例：国民の政府に対する不満から目をそらすことができる点。

この問題も、同じ視点で解くことができるものでした。よく、過去問で同じ問題が出題されることはないが、学校が求めるものには共通性があるため過去問を大事にしようと言われます。私は麻布を受験する生徒には過去10年分は解かせて添削指導します。小手先の技術や暗記で麻布入試を突破しようとするのは難しいですが、過去問を通じて得られる思考力があります。社会的な視座を持つこと、現代社会の諸問題に向き合って考えること。思考力を持つ子にきてほしいという麻布からのメッセージを入試問題から読み取ることができます。

渋幕の社会

渋谷教育学園幕張（以下、渋幕）は1982年に開校された比較的新しい学校です。「自調自考」の力を伸ばす。すなわち、自分で調べ自分で考える、その力を伸ばすことが教育目標の一つとして掲げられています。

その渋幕の入試問題は独自の思考力を問う、とても難しい問題が並んでいます。特に、日常生活とのつながりということを意識した問題が多く見られます。

では問題を見ていきましょう。

ランドセルの利点

> ランドセルが普及した理由を安全性の面から解答用紙のわく内で答えなさい。

ランドセルがどうしてこのような大きなサイズになっているのか。ランドセルというのは当たり前に背負っているもの、何となく荷物を入れるだけのものというように思いがちですが、その形やデザインには意味があるのではないか、と問うているわけです。当たり前に思ってしまいがちなことを、もう一度考えてみよう、再考してみようという問題と言えます。

解答は次のようなものです。

解答例：両手が自由に使える上、ランドセルがクッションになるので怪我をしにくいから。

ランドセルは大きいので片手では持てず、背負うことになるわけですけれど、そうすると両手が自由に使えます。

また、小学生がもし後ろに倒れてしまったら、後頭部を打って大怪我をしてしまうかもしれません。しかしランドセルがクッションの代わりになるということもあります。

では、このランドセルはどのような経緯で作られるようになったのでしょうか。作られた時期や由来を考えると、戦争とのつながりが見えてきます。

現在のような箱形のランドセルは1887年に始まったと言われています。後の大正天皇の学習院入学に際し、総理大臣の伊藤博文が献上したものが、箱形だったのです。それ以前から学習院ではリュックサックに近い通学かばんが使用されていたのですが、それは両手を自由に使える軍隊用の背のうから考案されたデザインでした。1887年と言えば、大日本帝国憲法ができる直前、日清戦争の7年前です。近代国家として成長した日本が徴兵令によって軍備を整え、外国と戦争を始めていく直前期にあたります。子どもに戦争の準備や心づもりをさせようとまでは思っていなかったのでしょうが、軍隊用の背のうから考案されたあたりが時代の空気を感じさせます。

学校教育において子どもの安全面に配慮することは極めて重要ですから、その観点から今のようなクッション代わりにもなるようなデザインにしたのでしょう。

学校における生徒の安全性

続いても学校関連の問題です。

> 国や地方自治体が学校における児童や生徒の安全性を確保するために実施したことを解答用紙のわく内で答えなさい。なお、それは文部科学省がまとめた2011年7月の緊急提言によって、全国の学校施設で加速して進められました。

学校が児童や生徒の安全性を確保するために実施したこと、と言われてもなかなかパッとは思いつかないかもしれません。2011年7月の緊急提言というこの文言が大きなヒントになっています。2011年にいったい何があったのでしょうか。それは東日本大震災です。
大きな地震、そして津波によって多くの人が亡くなりました。それを踏まえて全国の学校施設で加速して進められたわけですからこれは地震対策ということになります。

解答例：建物の耐震化の工事。

耐震化を進めて生徒の安全の確保が図られました。これも社会と日常生活とのつながりを考えさせる問題と言えるでしょう。文部科学省は、公立学校施設の構造体の耐震化および屋内運動場などの吊り天井などの落下防止対策を、2015年度までに完了することを目指しました。そうしておおむね完了したのですが、実は耐震化を進めたのは、生徒の安全確保以外にも理由があります。それは公立学校施設が地震などの災害時には地域住民の避難場所ともなることです。今回の問題とは直接は関係ありませんが、避難場所を整備していくことも国の重要な役割と言えます。

学校給食を導入しない理由とは?

もう1問、学校関連の問題を紹介します。

横浜市内の公立中学校では現在も学校給食を導入していません。学校給食を導入しない理由を食の安全面から考え、解答用紙のわく内で答えなさい。ただし、学校給食で使用する食材や調理・配膳に衛生面での問題はないものとします。

なぜ学校給食を導入しないのか。食材や調理・配膳の衛生面での問題はないものとしますということですから、それ以外の理由を考える必要があります。かつ、費用の面でもありません。今回の問題は「食の安全面から考え」とありますから、それをヒントにして考えていく必要があるのです。衛生面以外で食に関する生徒の安全面にかかわることをイメージしてください。

解答例：食物アレルギーに対応することが困難だから。

近年はさまざまなアレルギー症状が認定されるようになり、学校としてもそれに対応する食材を用意してきました。しかし多種多様なアレルギーに対応できないケースも出てきており、負担も大きくなっています。生徒の安全面という視点で考えれば、アレルギー対応の問題が浮かび上がってくるのではないでしょうか。

さて、この問題を取り上げるにあたって、横浜市のホームページを調べてみましたが、アレルギー対応が困難だからという記載はありませんでした。おおっぴらに書けないということもあるでしょうが、学校給食が行われない理由は公式には以下のようなものです。

もともと横浜市は人口急増によって、中学校を急ピッチで作る必要に迫られました。高度経済成長期に「金の卵」と呼ばれた若者が地方から集団で都心部に就職し、その数年後に家庭を持ち、子どもも急増していったのです。さらに、東京の都心部は地価が高いため周辺部に住む人が多くなり、ベッドタウンが多く生まれました。横浜市も東京都の都心部と比べれば地価が安く、交通の便も良いため多くの人が住んだのでしょう。そのような背景で学校が建設されたため、給食室の整備が追い付かず、各家庭から持参する弁当が昼食として定着していきます。

しかし、現代は女性の社会進出が進み、共働きの家庭が増えたため、家庭で弁当を用意することは難しくなってきました。そこで2017年より「ハマ弁」という制度が導入されました。給食並みの価格で、ご飯と味噌汁は温かい状態で提供するというものです。自宅から持参する弁当か業者の弁当、またはハマ弁から選ぶことができます。しかしハマ弁の利用率は１％台と低迷します。７日前までに予約しなければならない点が不評だったのです。

そこで２０１９年にはハマ弁が当日予約もできるようになりました。それでも、おかずが冷えているなど不満は根強いようです。食中毒対策のためにどうしてもおかずを冷えた状態にして運搬する必要があるのでしょう。

なお、ハマ弁のサイトには日々の弁当のアレルギー表示がされています。特定原材料の７品目だけではなく、表示されることが推奨されている20品目の記載もあります。こうやって、アレルギーの都合上弁当を食べられない日だけ、家庭の弁当を持参という選択もできるようになっています。多額の税金を投入しているこの取り組みが横浜市民に評価されるようになるのか、あるいは設備を整えて給食を導入する方向になっていくのか、注目されています。

以上、学校に関係する問題を見てきました。日常の当たり前を考えてみる、いったいなぜなのかを考えてみるという問題は学校だけではなく、家庭にあるものに関しても出題されています。

電子レンジのメリット

電子レンジは家事を行うにあたりどのような利点があると考えられますか。「火を使用しないので安全」以外に、解答用紙のわく内で答えなさい。

電子レンジは今では当たり前に家庭で使われていますが、火を使用しないので安全である以外にどのような利点があるのか。これは大人であれば当然分かるけれども、小学生だとなかなかパッとは思いつかない問題かもしれません。

解答例：調理の手間を省くことができること。

1950年代後半に普及した電化製品を三種の神器と言います。白黒テレビ、電気冷蔵庫、電気洗濯機の３つです。後の２つは、家事の手間を省くことができるものです。これについては、２０１９年の女子学院の入試問題で出されました。三種の神器によって余暇を楽しむことができるようになった、それはなぜかという問題です。新しい発明によって家事にかける時間が減り、余暇にあてる時間が生まれたということを説明させる問題でした。

電子レンジも同じように調理の手間を省くことができる。いつの時代であっても、家事の時間を減らすことができる発明品が現れてくるものです。小学生に、「現代版三種の神器だったら、君たちは何をあげるか」と質問してみました。数が多かったのは、食器洗い機。確かに家事を楽にしてくれます。続いて、ロボット掃除機。ルンバのような掃除機は現代の小学生にとって、衝撃的なものに見えたようです。ほかはバラバラで、電子レンジと答える子もいれば、スマートフォンと答える子もいました。確かにスマートフォンによって劇的に便利になり、生活環境も変わりました。三種の神器、３Ｃ（車、カラーテレビ、クーラー）の次に普及したと将来言われるようになるのはいったい何になるのでしょうか。

石油ストーブの問題点

次は石油ストーブに関係する問題です。

電気ストーブの場合、空気は汚れませんが、暖かくするために電気をたくさん必要とします。（中略）石油ストーブを長い時間使用した場合の問題点を酸素という語句を必ず用いて解答用紙のわく内で答えなさい。

石油ストーブを長い時間使用した場合の問題点というのも大人であれば当たり前に分かることです。とはいえ、都市部に住んでいる小学生だとそもそも自宅に石油ストーブがなくて、意外と分からないのかもしれません。

解答例：換気を十分に行わないと酸素不足になってしまう点。

あるいはもう一歩突っ込んで、不完全燃焼から一酸化炭素中毒になりやすくなるということが解答例として考えられます。大人であれば、石油ストーブを使ったときに、「窓を開けて換気をしなさい」と親から言われた記憶があるのではないでしょうか。

そのようなことは石油ストーブを使い慣れた人にとっては当たり前だけれども、都市部に住む小学生にとってはこれが超難関校の入試問題になりうるのです。世の中の常識、家庭の常識を問うていますから、親の体験を少しでも話してあげることや、祖父母の家が地方にあれば、帰省した時に目にするものについて会話ができると、そのまま入試対策にもつながると言えるでしょう。

渋幕の社会入試問題は、右の石油ストーブの問題のように、理科とも言えるような問題が出題されます。教科横断型のようなもので、かつ大人であればよく知っているような問題を取り上げます。

夕焼けと天気

「きれいな夕焼けだと次の日は晴れやすい」というものがあります。なぜ夕焼けだと翌日は晴れやすいのですか。方角を必ず入れて解答用紙のわく内で答えなさい。

昔からの言い伝えというのは、どうしてそうなるのかということが科学的に実証されていなくても、経験則から気づいた知恵を代々言い伝えてきたものです。それによって不測の事態に備えたり、明日以降のことを予測して対応していたのでしょう、たとえば、「宵越しの茶は飲むな」という言い伝えがありますが、まさかタンニンが流出することを知っていた人が言い始めたわけではないでしょう。おそらく、急須に入れたままにしていた茶葉で翌日お茶を飲んだら胃が痛くなった人がいた、その話なら自分も聞いたことがある、と伝わっていったのだと思います。

「雷なったらへそ隠せ」というのは子どもでも知っているかもしれません。おへそを取られてしまう、というのは方便で、おそらくは気圧が変わったり寒くなったりすると風邪を引きやすいから、おなかを出して寝ることがないようにということで伝わっていったのだと思います。

さて、今回の問題。まず、日本の上空には強い偏西風が吹いていて、風は西から東へと流れています。もちろん雲も西から東へと移動していくわけです。そして、太陽は東から昇って西に沈むので、きれいな夕焼けが見えれば、西の方角に雲がないということになります。

西に雲がなければ、しばらくの間、雨雲が来ることはないだろうということで、「きれいな夕焼けだと次の日は晴れやすい」のです。

同じような言い伝えとして「朝焼けは雨」というものがあります。朝焼けが見えれば東の方角が晴れているということです。天気が西から東へと移っていくのですから、東側がすでに晴れていれば、そろそろ西側から雨雲が来るのではないか、と思えるわけです。昔の人は天気予報がない中でも、こうやって天気を予測していたのです。

「朝の虹は雨」というのも同じような言い伝えです。朝、虹が見えれば太陽と反対側の西側で雨が降っていたことになりますよね。西側で雨が降っていれば、これから雨雲が近づいてくるだろうということです。

昔からの言い伝えを中学受験の知識と結び付けて答えさせる良問でした。

解答例：偏西風により天気は西から東へと移りやすい。夕焼けが見えるということは太陽が沈む西の方角の雲が少なく、しばらく雨雲が来ることは考えにくいから。

ここまで渋幕の日常生活とのつながりを考えさせる問題を見てきました。

もちろん現代のさまざまな問題を取り上げた問題も多く出題されています。次は交通に関する問題を取り上げます。

地方の路線バス需要

> なぜ地方では路線バスの輸送需要が伸びないのですか。都市部と地方との違いをふまえて、バスを利用する人が少ない理由を解答用紙のわく内で答えなさい。

なぜ地方では路線バスの輸送需要が伸びないのか。「都市部と地方との違いをふまえて」と書いてあるので、まずそこから考えていきましょう。

都市部では公共交通機関が非常に発達しています。JR、私鉄、地下鉄、バスなど公共交通機関が発達しているので、通勤や通学にもこれらを利用する人が非常に多くなっています。むしろ自家用車は渋滞のおそれがあったり、駐車料金も高くなるため避けられがちです。

一方、地方ではそもそも公共交通機関があまり発達していないので、生活のためには車が欠かせません。

１００世帯あたりの自家用車保有台数の統計を使った問題が中学受験では出てきますが、東京の数値は非常に低く、福井県や富山県といった地方では自家用車を保有する割合が高くなります。以下のようなデータが公開されています。

１００世帯あたりの自家用車保有台数（２０１６年３月末現在）

１位　福井県　１７４・９
２位　富山県　１７０・６
３位　山形県　１６７・９
……
45位　神奈川県　72・5
46位　大阪府　65・3
47位　東京都　45・0

（一般財団法人　自動車検査登録情報協会ホームページより作成）

地方では１世帯で２台保有している家庭も多いということです。たとえば、通勤用に夫が使い、家庭用としては妻が使うといったように、2台ないと生活に支障が出てくるのです。そのため、2台目は小回りがきき、日常生活に使う軽自動車の割合が増えているという傾向も見られます。

それでは問題の解説を進めましょう。都市部では公共交通機関が発達しているが地方では発達していない。自家用車を利用する人が多いがために路線バスを使おうということにならない。そもそも需要が少ないわけですから、便数も少なくなっています。たとえば都市部では10分に1本出るところが地方では30分に1本、1時間に1本、1日に3本しかなかったりするのです。授業で小学生にそのような話をすると、信じられないという反応をします。1日に3本しかないということが想像すらつかないようです。地方に住んでいると当たり前のことが、都心部に住んでいると分からないものです。

公共交通機関が発達していない地域では、自家用車を利用せざるを得ず、そうするとバスの輸送需要が伸びないのでさらにバスの便数や路線が減らされてしまうという、負の循環が起こってもいます。

ちなみにこの問題と関連するテーマは、東京大学の地理の入試問題でも出題されています。

２０００年、自家用車の保有率の変化に関する問題が出ています。ちょっと紹介してみましょう。

表2は、1965年と1995年の100世帯あたりの乗用車保有台数を、上位と下位の都道府県について示したものである。この表を見ると、1965年と1995年では、上位と下位の都府県が大きく入れ替わっている。その理由として考えられることを、3行以内で述べよ。

表２

1965年

順位	都道府県	100世帯あたり乗用車保有台数
1	愛知	15.7
2	東京	15.3
3	京都	11.7
4	神奈川	11.6
5	大阪	11.2
43	新潟	4.1
44	島根	3.7
45	秋田	3.5
46	鹿児島	3.3

1995年

順位	都道府県	100世帯あたり乗用車保有台数
1	群馬	149.4
2	岐阜	145.5
3	富山	145.0
4	栃木	144.9
5	茨城	144.1
44	京都	85.5
45	神奈川	84.4
46	大阪	72.2
47	東京	61.1

運輸省資料による。

高度経済成長まっただ中、日本人の自動車保有台数は増えていきました。その当時は、自動車を購入する余裕のある人は都市部に多かったので、まず都市部から普及していったのです。その後、日本が経済的にも発展をとげたことによって、地方にもゆとりが生まれ、むしろ地方で自動車の保有台数が増えていったのです。

解答例：大都市圏では公共交通機関が発達したことや車庫・駐車場が得にくいことで自動車の需要が減ったが、公共交通機関が十分に発達していない地方や、広い農山村地域を持つ都市近郊では、自動車の需要が増えたから。

いかがでしたでしょうか。今回の渋幕の問題がどうかはさておいて、大学入試を意識して作られていると思える中学入試の問題はよく見かけます。だからこそ、受験指導において東大をはじめ有名大学の入試問題に目を通しておくことで、より試験に出やすいテーマが提示できると考えています。

オリンピック開催に向けての課題

さて、渋幕の問題に戻りましょう。続いて、もう1問交通系の問題です。

> 長野県ではオリンピックの開催に合わせて新幹線が建設されました。２０２０年の開催地である東京の公共交通には、オリンピックの開催に向けてどのような課題が考えられますか。人々の日々の生活リズムをふまえて、解答用紙のわく内で説明しなさい。

「人々の日々の生活リズムをふまえて」というヒントがあるので、人々の生活において公共交通を利用する時間帯を考えてみます。朝や夕方に、通勤や通学に利用する人が多いでしょうから、その時間帯は混雑することが考えられます。オリンピック開催においては、交通アクセスをいかに円滑にしていくのかが課題と考えられています。

解答例：朝夕のラッシュ時などに公共交通機関の混雑や道路の渋滞が起きる可能性があり、シャトルバスの運行など会場までの交通手段を確保する必要があること。

オリンピック・パラリンピックの開催が決まり、海外からの観客の受け入れにあたっての課題はよく入試で出されています。たとえば世界中の人々が言語を問わず誰でも理解ができるように作られたピクトグラムを用意することや案内の多言語化の必要性、豚肉を食べないイスラム教など宗教や文化に配慮した食事の提供についてなどです。しかし、この問題のように実際に運営する中で生じそうな課題を考えさせるあたりが、渋幕らしさを感じさせます。どんなことが課題とされているのかを知っていたり、一定の条件下で課題を考え付くような人材を求めているのです。

主権者教育を行う上で注意すべきことは?

最後に政治、経済といった公民分野についても見ていきます。中には、小学生にここまで求めるのかと思わされる問題もあります。単に知識を詰め込んだ生徒を求めているのではなく、さまざまな角度からものを見られる子を求めていることが分かります。

> 高校を中心に政治に対する意識を高める主権者教育への関心が高まっています。授業を担当する先生が、主権者教育を行う上で注意すべきことを解答用紙のわく内で答えなさい。

注目すべきは、この問題が2016年1月の段階で出題されているということです。2015年6月に改正公職選挙法が成立し、選挙権が20歳から18歳に引き下げられることが決まりました。そして、実際に国政選挙で18歳がはじめて投票したのは2016年7月の参議院議員選挙です。つまり、まだ18歳が選挙に参加する前にこの問題を出題しているということです。ふつう、中学入試においては「選挙権が何歳に引き下げられましたか」といった知識を問う問題や「高齢者の投票率が高く、若者の投票率が低いことで、どのような問題が出ると考えられますか」といった問題が出されます。前者は「18歳」が答え、後者はいわゆるシルバー民主主義になってしまうことで、選挙に当選するために高齢者寄りの施策になってしまうことを書けばよいということになります。十分、難しい問題ですが、だいたい中学入試の公民分野の記述問題だと実際に起こっている問題に対して、課題を考えたり解決策を考えさせたりするものです。しかし渋幕はまさに今から問題になっていくことを問うています。先を見る眼を持ってほしいという学校の意図が感じられるのです。

解答はいたってシンプルです。

解答例：自分の意見を生徒におしつけないこと。

この問題に驚かされた点をもう一つあげておきます。それは、主権者教育を行う側の視点であるということです。これから選挙権を持つ若者の立場ではなく、先生の立場を考えさせる。それだけ大人びた子が求められているのです。

日銀の金融緩和と徳川吉宗

渋幕の最後は経済の問題です。これも大人の視点が求められます。

①徳川綱吉の時の状況
・従来の慶長銀10貫は、新しい元禄銀10貫100匁に交換された。
・慶長銀10貫分の銀の純量は約8貫、元禄銀10貫100匁(目)分の銀の純量は約6・5貫であった。そのため差し引きでは銀約1・5貫が、幕府の利益として期待できた。
・当時の銀貨には貨幣の単位がなかったため品位と目方を検査して取り引きした。貫は重さの単位で、1貫=1000匁=約3750グラムである。

②徳川吉宗の時の状況
・従来の正徳小判１００両は、新しい元文小判１６５両と交換されることになった。そのため事実上65％の「おまけ」がつくので、元文小判に交換すると有利と思われた。
・金の純量は正徳小判１００両で約１５５０グラム、元文小判１６５両で約１４２０グラムなので、差し引きは金約１３０グラムだが、金貨を新たに作り交換するための手間や手数料などを考えると、交換量に対し幕府の手元に残る分の比率は小さいといえる。
①では貨幣の改鋳により差益の金や銀を出し、赤字の削減に回すなど、幕府の財政再建に利用したと考えられます。それに対し、②では、他の目的の方が重視されたと考えられます。その内容について、次の文も参考にして25字程度で説明しなさい。
・２０１６年末現在、日本銀行がめざしている経済政策の方法・目標と②は通じるものがある。

まず、問題を解説する前に歴史的な背景を説明しておきましょう。

5代将軍の徳川綱吉は、「生類憐みの令」を出したことで知られています。一度の法令ではなく、数多くの法令の総称で、蚊を殺すだけで罰せられるという噂が広まるほど生き物を大事にし、殺生を禁止していました。犬を大事にした綱吉は、現在の中野に犬屋敷を作るほど。「生類憐みの令」は「天下の悪法」と呼ばれることもあり、徳川綱吉の評価も高くありません。それは経済が混乱していたことも影響しているのでしょう。急速に悪化する幕府財政立て直しのために、金の含有量を減らし、質の悪い貨幣を増やしました。それによりインフレを起こしつつも世の中にお金が出回り、経済成長につながっていったのであれば支持も得られたでしょう。しかし、問題文の①のように主眼は財政再建に置かれていたことが影響したのか、綱吉の晩年にインフレが進行し、後に彼の政策は批判的に見られたのです。一方、華やかな元禄文化が栄えた時代であることも見逃せません。世の中にお金が出回ったことで、経済力を持つ商人たちが文化の担い手となりました。井原西鶴は豪商を主人公にした浮世草子である『世間胸算用』や『日本永代蔵』を書いています。人形浄瑠璃や歌舞伎も発展しました。綱吉が学問や文化を奨励した将軍であったことも理由ですが、金融緩和によって華やかな文化が花開いた点もまた事実です。

8代将軍の徳川吉宗は、米将軍として知られています。大名に米を出させる代わりに参勤交代をゆるめる上米《あげまい》の制を出したり、商人の経済力を利用して新田開発を進めるなど、食糧確保に向けて積極的に動きました。いわば、大胆な規制緩和を行ったのです。また、当時幕府は外国との付き合いを制限する鎖国政策をとっていましたが、キリスト教に関係のない洋書の輸入を許可し、青木昆陽にオランダ語を学ばせ、さつまいも栽培の研究を行わせました。さらに四公六民から五公五民に年貢を引き上げ、現代であれば所得税＋社会保険料で収入の50％を納めさせるような増税も行っています。②のように、金融緩和を積極的に進めつつ、貨幣の改鋳による利益を求めるだけではなく、一方で増税をはかり財政再建も行おうとする。どうも令和初期の経済政策に通じるものがありそうです。この徳川吉宗の享保の改革は財政再建へとつながったため高く評価されていますが、一方で農民は増税で苦しめられており、百姓一揆や打ちこわしが増加したという側面もあります。徳川綱吉の時代の元禄文化のような華やかな文化が起こらなかったのも、庶民の生活が苦しかったことを物語っています。

さて、この問題は②の貨幣の交換には差益を生み出すことより大きな他の目的があった、それを答えなさいというものです。

「2016年末現在、日本銀行がめざしている経済政策の方法・目標と②は通じるものがある」を参考にして、とあるので、日銀の政策を知っていれば正解しやすくなるという問題です。では、2016年時点で日銀はどのような政策を行っていたのでしょうか。

2013年3月に日銀総裁に就任した黒田東彦はデフレ脱却を目指して強力な金融緩和を進めます。まず、2%の物価目標を2年程度で達成するため「量的・質的金融緩和」を行い、2014年10月の「量的・質的金融緩和の拡大」、2016年1月の「マイナス金利付き量的・質的金融緩和」導入を通じて、デフレ脱却を目指しました。当初の目標が達成されたわけではありませんが、円安株高につながり、失業率も大幅に改善します。

これを少しでも知っていれば解きやすくなるということです。たとえば、経済分野の問題が多く出題される明治大学付属明治中学校では、黒田総裁の顔写真を選ばせたり、安倍首相の経済政策の元目であるアベノミクスを書かせる問題が出されています。しかし、金融緩和の目的まで知っている小学生は稀でしょう。

解答例：世の中に出回る貨幣の量を増やし、景気を上向かせるため。

一見、歴史の問題ではありますが、資料を読み取って一定の推論を出すという点では、大学入試改革でも求められる能力が問われている問題とも言えますし、現代の日銀の政策との共通性を考えさせる点で公民分野の問題とも言えます。要は、社会の諸問題に対する感度が高い子を求めているということです。大人の視点を持っている子と言い換えることもできます。よく大人は「ニュースを見なさい」と子どもに言うものですが、見ているだけでは知識しか身につきません。そこから問題が起きている背景を探っていく。

これが渋幕の求める思考力なのでしょう。

第3章　慶應が求める「教養」

慶應中等部の社会

中学受験における慶應3校と言えば、慶應普通部、慶應湘南藤沢、慶應中等部です。中でも慶應中等部は独自の教養的な問題が多く出題される学校です。それでは早速、問題を見ていきましょう。

フレンチのフルコースの順番とマナー

フランス料理が出されるときの決められた順序で正しいものを選びなさい。
1　前　菜　→　肉料理　→　スープ　→　魚料理　→　デザート
2　前　菜　→　スープ　→　魚料理　→　肉料理　→　デザート
3　スープ　→　前　菜　→　肉料理　→　魚料理　→　デザート

2016年に出題されたフランス料理のコースの順番を答えさせる問題は、受験業界でも話題になりました。私も「プレジデントオンライン」のコラムにてこの問題を紹介したところ、慶應は受験する子にこんな問題まで解かせるのかとか、普通の家庭ではなくて所得が高い家を選別しているとか、いろんなコメントが寄せられました。

この問題、大人にとっては非常に簡単かもしれませんが、小学生に問うと結構間違います。塾の生徒に解かせたところ不正解が約半分。3択問題ですから、全然分からなかったという生徒が非常に多かったのだと思います。

正解は2。小学生であればそもそもフレンチのフルコースを食べに行くという経験などないでしょう。大人であれば、なんとなく魚料理の後に肉料理があってそして最後にデザートが出てくるというイメージがあって正解できるかもしれません。

魚料理の後に肉料理が出てくるということには、しっかりとした理由があります。まず、魚料理の方が消化しやすいので肉料理よりも前に出される。これがよく知られている理由ではないでしょうか。あるいは味の濃い肉料理の前に魚料理を出すとも言われています。やはりコースというのは流れがあるわけですから、食べる人の負担にならないように、美味しく食べられるように工夫されているということです。

小学生にこの問題を問うのはいささかやりすぎなのではないかと思えそうですが、フレンチのコースの順番ぐらいは知っておいてほしいという学校側のメッセージ性を感じられますし、慶應中等部らしい問題と言えます。

実はフレンチに関する問題はこれだけではありません。フレンチのマナーを問う問題も同時に出されていたのです。

> フランス料理のマナーとして正しくないものを選びなさい。
> 1　皿を手に持って食べる
> 2　食事の合間に一息つくときは、フォークとナイフを「ハの字」にして皿の上に置く
> 3　食べ終わったら、フォークとナイフをそろえて皿の上に置く

この問題は小学生にとっても非常に簡単だったようで、塾の生徒に解かせたところ全員が正解しました。

正解は1。しかし皿を手に持って食べるというのがなんとなくおかしそうだ、そういうことは親にダメと言われたということで1番を選び、2番や3番は知らなかったという生

徒も少なからずいました。

フォークとナイフをハの字にして皿の上に置く。これはまだ食べているということを表し、食べ終わったらフォークとナイフを皿の上にそろえて置く。つまりこのお皿を下げていいですよというメッセージを店員に伝えることができる。そこまでは思い至らなかったようです。

慶應中等部で出されるマナーの問題は何もフレンチだけではありません。和食の問題でも出題されています。

和食の配膳とマナー

和食のマナーとして正しくないものを選びなさい。

1　汁ものから口をつける
2　茶わんやおわんを手に持って食べる
3　料理を一品ずつ食べきってから次の料理を食べる

「汁物から先に食べなさい」と言われた記憶があるという大人は多いかもしれませんが、今の小学生でそのように言われた経験がある生徒はほとんどいません。

それでも「三角食べ」は小学校でも指導されるそうで、全員が知っています。同じものを食べ続けると親に怒られた経験がある子も多く、今回の問題は明らかに3が答えと分かっていました。2も常識的に正しいと判断できるでしょう。

では、なぜ汁物から口をつけるのかというと、諸説あるようです。箸をぬらすことでご飯粒がくっつかないようにするためと私は思ってきたのですが、まず主菜と比べて味の薄い汁物から食べることで、味の薄いものから味の濃いものに移行できるからという理由もあるそうです。そう考えると、フレンチのコースの順番と共通性が見られて面白いですね。フレンチにおける、魚料理→肉料理、と同じ理由だということになります。

ただ、濃い味の味噌汁の場合はそうも言えないのではないかと考える人もいるのではないでしょうか。確かに汁物が薄い味だと決めつけられませんが、和食のマナーというのは、家庭で食べる料理というよりは、懐石料理などかしこまった際に必要とされるものでした。茶事《ちゃじ》の懐石であれば、最初にご飯と汁物、向付（お造り）が出てきます。その後に、椀物や焼き物と続いていきます。あくまでも茶を飲む前の腹ごしらえですから、汁物は薄味です。食事の中盤から後半にかけて、酒に合う肴が出てきますし、そこでは味が濃くなっていきます。

ちなみに、汁物と椀物は厳密には異なるものです。汁物はご飯と一緒に、椀物はお酒と一緒に味わうものとされています。

続いての問題は、慶應中等部に限らず、他校でも何度か出題されたことがある問題です。

和食の配膳で正しいものを選びなさい。

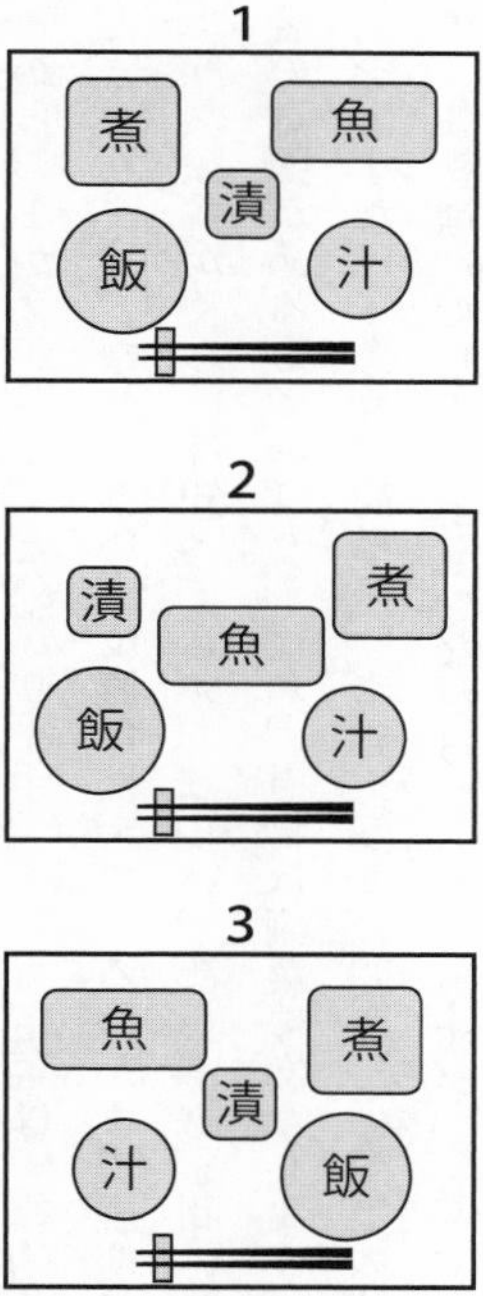

（凡例）
飯…ご飯
汁…汁もの
魚…焼き魚
煮…さといもの煮物
漬…漬物

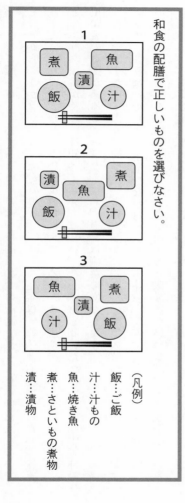

まず、ご飯が左、汁物が右というのは一般的な和食の配膳であり、見かけた人も多いでしょうから、1か2が答えだと分かります。そして主菜は一般的に右奥にあるため、答えは1と分かります。なぜそういう位置になっているのかまで説明できる必要はないけれど、どのような順番かくらいは知っておいてほしい、社会常識を問いたいという慶應中等部の出題者の意図があるのでしょう。なお、煮物は副菜にあたります。

答えを出すだけであれば簡単そうに思えるこの問題、小学生に解かせてもけっこう間違えます。3を選んでしまう子も少なからずいるのです。「家でそんな配膳の仕方をされないでしょう」と軽々には言えません。もしかすると保護者がいつも間違って配膳しているかもしれず、安易に親を悪く言うことにもつながってしまう可能性があるからです。また、親が日本人ではないケースもあります。日本人にとってはよく知られていることが、外国籍の人であれば知らない場合もあるでしょう。

では、なぜご飯が左で汁物が右なのでしょうか。その由来まで知っているのは大人でも多くありません。諸説ありますが、いくつか説明していきましょう。実は歴史との関係もあるのです。

まず、よく言われている理由は次のようなものです。汁物を手に取って口に持ってくるとき、左にあるとご飯茶碗をまたぐのでよくない。ご飯は日本人の主食であり、もっとも大事なものをまたいではいけないという考え方から来ています。

あるいは、奥にある主菜が取りやすいように、飯碗より丈の低い椀の汁物を主菜の手前にもってきているというのが理由ではないかとも考えられているそうです。

しかし、一番可能性が高いのは、伝統的に左を上位としているから、主食であるご飯は汁物よりも上位の左に配膳されているという理由でしょう。魚の置き方にしても同じです。尾頭付きの魚は頭が左になるように置かれています。以前、政治家がSNSにおいしそうな魚の写真をアップした際、頭を右にしていたがために批判されたことがありました。日本の伝統を知らないと思われてしまったのです。

歴史でも同じようなことが言えます。左大臣と右大臣では、左大臣の位の方が高いのです。左が上位に位置しているというのは覚えていて損はありません。

では、なぜ左が上位になっているのでしょうか。これは日本が古代中国の制度をとりいれたことに関係しています。

古代の中国では、皇帝は太陽に向かって座るべきであるという考え方がありました。遣唐使を通じて中国の制度や文化をとりいれた日本の、藤原京や平城京、平安京などで天皇のすまいが南向きに作られているのはそのためです。そして、太陽は東からのぼり西にしずむので、東の方が位が高いとされていました。南向きに座った天皇から見ると、左になるのは地図上の東側ということになります。よって、左大臣の方が右大臣より位が高くなっているのです。

余談ですが、京都市の左京区が東（地図上で右側）にあり、右京区が西（左側）にあるのも同じ理由です。天皇が座っている位置から見て、左側が左京になっていたのです。

ここまで、慶應中等部のフレンチと和食についての問題を取り上げてきました。繰り返しになりますが、歴史的な背景を知っておく必要はありません。ただ「社会常識」とされていることは小学生でも知っておいてほしいというメッセージが込められているのです。

何も、慶應はお金持ちだからフレンチのフルコースや懐石料理のような問題が出される、ということでもありません。スーパーの買い物も問題になっています。こちらは慶應普通部の問題です。

スーパーマーケットの工夫

次のア〜エは一般的なスーパーマーケットにおける果物の販売の仕方について説明したものです。最も内容の正しいものを選んで記号で答えなさい。
ア．会計をするレジの近くに配列されていることが多い。
イ．野菜と一緒に、入口に近い場所に配列されていることが多い。
ウ．野菜と同じように、ほぼ同じ種類の商品が一年中販売されている。
エ．売り場の中で、価格の安い商品から順番に並べられていることが多い。

普段からスーパーで買い物をしている人からすると当たり前の問題でしょう。正解はイ。まず、他の選択肢を見ていきます。アのレジの近くに置かれているのは、どういったものでしょうか。たとえば、ガム。スーパーにガムを買おうと思って行く人は多くないでしょうが、レジに向かう最後に、ついでに買っておこうかなと思わせる場所に置かれています。ウのように、ほぼ同じ種類の商品が一年中置かれていたら、そもそもスーパーとしての魅力がありません。旬のもの、目新しいものをそろえておく必要があるのです。これが香辛料や調味料、カップラーメンなら変わり映えしないかもしれません。エのようなら、とても親切なスーパーですが、きっと利益を上げられず、苦戦してしまうでしょう。安い商品から並べられていたら、消費者は安い商品だけを購入します。営利企業であるからこそ利益を出していかなければなりません。

さて、正解はイですが、これにも理由があります。

まず、野菜や果物には旬がありますから、季節感を感じられます。いつも同じものを売っているイメージがあると足も向かなくなりますが、新しいものや時季にあったものが売られていると思えば、足が向くものです。また、果物は色とりどり、目を引くものがあります。そして、スーパーに来たら、大部分の人が主菜となる肉や魚を買います。だから、肉や魚はスーパーの奥に置かれていることが多いのです。そうやって、ぐるっとスーパーの中を一周させて少しでも多くの商品を購入してもらおうと工夫しているのです。

これをお読みになった保護者の方は、ぜひお子さんと一緒にスーパーを回ってみてください。できれば、旬の野菜や果物の話題を出しながら。スーパーに行くこと自体、子どもの教養を高めることにつながります。

さて、慶應中等部では日本の伝統や年中行事もたびたび出題されています。

国民の祝日の説明について、A〜Dは何月何日か、E〜Hは何月の第何月曜日か答えなさい。

A　自然に親しむとともにその恩恵に感謝し、豊かな心をはぐくむ
B　勤労を尊び、生産を祝い、国民たがいに感謝しあう
C　激動の日々を経て、復興を遂げた昭和の時代を顧み、国の将来に思いをいたす
D　日本国憲法の施行を記念し、国の成長を期する
E　大人になったことを自覚し、みずから生き抜こうとする青年を祝いはげます
F　多年にわたり社会につくしてきた老人を敬愛し、長寿を祝う
G　海の恩恵に感謝するとともに、海洋国日本の繁栄を願う
H　スポーツに親しみ、健康な心身をつちかう

Aは5月4日。みどりの日です。祝日の中でも存在感が薄く、思いつかなかった人も多かったのではないでしょうか。ゴールデンウィークの中に位置しており、憲法記念日やこ

どもの日ほどの存在感もありませんし、そもそも祝日と祝日に挟まれたことで生まれた休日だと思っていた人もいるかもしれません。なぜなら、「国民の祝日に関する法律」第3条に、祝日と祝日に挟まれた平日は休日にすると規定されているからです。

実はそう思った方は、あながち間違いでもありません。2006年まではそうだったのです。

みどりの日の歴史を振り返ってみましょう。まず、昭和天皇が崩御したことで、4月29日は天皇誕生日ではなくなりました。しかし、ゴールデンウィークを構成する祝日がなくなると、国民生活にも影響が出ると考えられ、4月29日をみどりの日としたのです。「自然に親しむとともにその恩恵に感謝し、豊かな心をはぐくむ」という趣旨は、自然に造詣が深かった昭和天皇を反映したものとなっています。

さて、2007年に4月29日が「昭和の日」と新たに定められました。そこで、みどりの日は5月4日に引っ越したのです。では休みの日が増えたのかというと、そうではありませんでした。もともと、5月4日は祝日と祝日に挟まれて休日だったものが、祝日になったというだけで、休みの日数は増えなかったのです。

Bは11月23日。勤労感謝の日です。では、なぜこの日なのでしょうか。もともと、五穀豊穣に感謝する新嘗祭《にいなめさい》がこの日に行われてきました。新嘗祭とは、その年に収穫された新穀や新酒を、天皇が天照大御神をはじめとする天地の神々にお供えし、その年の収穫を感謝する重要な宮中祭祀の一つです。そして、祭日は祝日となっていたので、明治初期から150年ほど、11月23日は祝日であり続けているのです。なお、即位後はじめての新嘗祭を大嘗祭《だいじょうさい》と言います。

では、なぜ「勤労感謝の日」という名前になったのでしょうか。それは敗戦とGHQによる占領が影響しています。戦後、GHQの支配下で日本の民主化が進められました。そこで、天皇に関する祝日は廃止されることが決まったのですが、新嘗祭の日は勤労感謝の日と名前を変えて祝日であり続けたのです。なお、大嘗祭についてもかつての皇室典範には記載があったものの、GHQ占領時につくられた日本国憲法には記載がありません。宗教性の強い行事であり、法律にも明記されていない大嘗祭を国費で行うのは、憲法が定める政教分離の原則に反するのではないかという指摘もあります。

Cは4月29日。昭和の日です。かつては天皇誕生日として祝日であった昭和天皇の誕生日は、現在昭和の日として祝日になっています。平成時代の天皇誕生日は12月23日でしたが、現在は祝日になっていません。この4月29日と12月23日には、東京裁判（極東国際軍事裁判）とのかかわりがあるということをご存じですか。

東京裁判とは、太平洋戦争における日本の戦争指導者に対する裁判で、東条英機元首相ら7人が死刑となりました。戦勝国による裁判であり、インドの裁判官一人だけが無罪にするべきだと主張したことでも知られています。この東京裁判、起訴は１９４６年４月29日に行われ、刑が確定し、死刑が執行されたのが１９４８年12月23日です。この日付、ただの偶然とは思えません。

4月29日は昭和天皇の誕生日。そして、12月23日は、当時の皇太子（後に平成時代の天皇）の天皇誕生日なのです。つまり、アメリカなどの戦勝国は、あえて天皇誕生日に起訴し、皇太子の誕生日に死刑を執行したということです。日本に対する嫌がらせという言葉では済まされない、怨念なのか、それとも日本国民に戦争を忘れさせないためなのか、何らかの意図があってこの日にしたのでしょう。

Ｄは5月3日。憲法記念日です。日本国憲法は１９４６年11月3日に公布され、翌年5

月3日に施行されました。ちなみに11月3日も文化の日として祝日になっています。

公布から施行まで半年間も間を空けている理由は何でしょうか。公布は広く知らせること、つまり「こんな憲法になりましたよ」と発表するわけです。施行は、法令の効力が発生すること、つまり「これからこの憲法（や法律）が始まるよ」ということです。半年間空けるのは、それだけかけて国民に知ってもらうためです。公布したからといってその内容をすぐに全国民が知って理解することはありえません。だから憲法の場合、半年の期間を経てから施行となったわけです。法律もその多くが公布と施行の間に一定の期間を置くようにしています。

憲法にちなんだ祝日はもう1日あります。それは2月11日。建国記念の日です。1889年2月11日に大日本帝国憲法が発布されたのですが、この日を日本は近代国家として独り立ちした重要な日としています。しかし、なぜ「建国記念の日」と「の」が入っているのでしょうか。5月3日は憲法記念の日ではなく、憲法記念日なのに。

これは国会における論争の結果、妥協の産物として「の」が入り込みました。いきさつはこうです。

神武天皇が即位したとされ、大日本帝国憲法が発布された日でもある2月11日を祝日にしようという自民党などの動きに対して、復古主義だと社会党などから批判が出ました。戦後日本は平和国家として歩んでおり、天皇は主権者ではなく象徴になりました。また、戦前は2月11日を紀元節といって、神武天皇即位の日として祝日にしていました。これは歴史的な根拠が明確でなかったにもかかわらず、天皇中心の中央集権国家を確立するために作られたものだと考えられています。戦争につながった紀元節や大日本帝国憲法を正当化することは避けるべきだという考えがあり、2月11日を祝日にすることに対して反対する勢力がいたのです。一方、近代国家の成立に憲法は欠かせず、日本が発展した礎でもありますから、その日を祝日にするという意見ももっともです。「建国記念日」では、反対意見も根強くなかなか収まりません。その過程で、「の」を加えれば「建国日とされている日」というニュアンスになり、多くの政治家にとって納得できるものになる、ということになったようです。たとえば、復古主義だと批判する勢力も、「されている日」であれば、自分たちが建国を記念する日だと積極的に認めたわけではないということになります。外から見ていると「の」を入れるかどうかにこれだけ大きな労力をかけるものなのかと思いそうですが、お互いの面子を守りつつ、妥協点を探るのが政治とも言えるでしょう。

E は成人の日です。1月の第2月曜日となっています。かつて成人の日は1月15日だったのですが、いわゆるハッピーマンデー法により、三連休を作ろうということで月曜日に移動したのです。三連休を作れば旅行も行きやすくなり、経済効果が見込めるということです。この法によって移動したのは「成人の日」「体育の日」「敬老の日」です。さすがに「文化の日」や「憲法記念日」は、国の根幹である日本国憲法にかかわる日ですから、安易に移動することもできませんし、新嘗祭も重要な行事ですから、「勤労感謝の日」の11月23日を移すのも難しいです。以前の天皇誕生日を移すなどもってのほかですから、移動させやすいものを移動させるということになったのでしょう。

ところで、なぜ1月に成人の日を設けたのでしょうか。まず、元服の儀をご存じですか。男子が成人し、髪形や服装を改め、初めて冠をつける儀式のことです。戦国時代が好きな人なら、徳川家康が元服によって幼名の竹千代から元康と名づけられたことを知っているでしょう。今川義元から一文字を与えられたのです。あるいは、織田信長であれば元服によって幼名の吉法師から信長と名乗るようになったなど。

奈良時代から続いてきたこの元服の儀は小正月、すなわち1月15日を中心としていたため、成人の日は1月15日となっていたのです。

Fは敬老の日です。9月の第3月曜日となっています。

Gは海の日。7月の第3月曜日となっています。1996年から施行された新しい祝日です。なお、山の日は8月11日。これは2016年から祝日となりました。

Hは体育の日（2020年からは、名称変更でスポーツの日）。10月の第2月曜日となっています。この祝日もかつては10月10日と固定されていました。この日は1964年に開催された東京オリンピックの開会式が行われた日であり、これを記念してつくられた祝日です。その後、10月の第2月曜日に移動されたのですが、Gの海の日とHのスポーツの日、そして山の日は2020年限定の移動があります。

2020年東京オリンピックの開会式が行われる7月24日金曜日がスポーツの日、その前日の7月23日も海の日が移動して祝日となります。そして閉会式が行われる8月9日の翌日、8月10日月曜日に山の日をスライドさせたのです。これは、オリンピック開催における混乱を最小限に抑えるためと言えるでしょう。東京オリンピックは多くの観客、メディア関係者が集まります。そこで開会式前後と閉会式前後は休日にすることで、通勤ラッシュがなくなるようにし、選手や観客の移動をスムーズに行おうという狙いがあります。

以上、祝日を詳しく見ていきました。実は文部科学省が出している学習指導要領の社会第６学年に次のような一節があります。

「国会」について、国民との関わりを指導する際には、各々の国民の祝日に関心をもち、我が国の社会や文化における意義を考えることができるよう配慮すること。

私立中学の入試問題においても、学習指導要領に記載されている内容から出題されていると思われる問題が多く見られます。次に取り上げる年中行事についても学習指導要領に記載があります。

年中行事

関東地方に伝わる風習を中心に、主な年中行事をみてみましょう。
まず、正月を迎えるにあたって、家の門の前に一対の［　あ　］を立てたり、部屋の中には鏡餅を飾ります。おせち料理を用意しますが、おせちが詰められた［　い　］

は外側が黒塗り、内側は朱塗りのものがよく使われます。一般的には正月三が日に参拝することを［　う　］といいますが、元日には初日の出を拝んだり、2日には書き初めをする人たちもいます。

2015年の慶應中等部は、年中行事の問題だけで10問も出題されました。知っていた子にとっては楽な問題だったし、一般教養がない子だと苦労したでしょう。しかも慶應中等部は合格するためにかなりの高得点を取らなければなりません。男子で75%、女子で80%が必要とも言われる超難関校です。実際の入試問題では選択式の問題でしたが、まず「あ」～「う」にあてはまる言葉を考えてみてください。

あは門松、いは重箱、うは初詣となります。門松はお正月にお迎えする神様である歳神様が目印とするように置きます。木のこずえには神が宿ると言われているため、門松を家の前に飾っておくのです。おせち料理は、幸せが重なる願いを込めて重箱に詰めます。当たり前のように使っている重箱にも意味がありますし、当たり前のように食べるおせち料理にも意味があるのです。後ほどおせちの問題を取り上げます。初詣は簡単でしたね。

おせちの田作り

おせちにまつわる問題はいろんな学校で出題されています。たとえば、桜蔭中です。

> お正月に豊作を願っていたことが、やはりおせち料理にある「田作」というイワシの加工品の名前からもうかがえます。
> 傍線部について、このイワシの加工品が「田作」とよばれる理由を答えなさい。

難関校を受験する中学受験生にとっては簡単な問題です。しかし、意外と思いつかない人もいるのではないでしょうか。まず、イワシが歴史的にどのように使われていたかを知っておく必要があります。江戸時代、田畑の生産力を高めるためにお金で肥料を買うようになっていきました。それまでは、草や木の灰とか家畜のふんや尿を使っていましたが、新しいものがいろいろと開発されていったのです。その一つが、干したイワシである干鰯であり、江戸時代には広く使われるようになっていました。つまり、肥料であるイワシは豊作に関係があるものなのです。

解答例：干鰯として肥料にしていたので、イワシは米の生産にとって重要なものだったから。

おせち料理に新たに加えたい一品

慶應中等部でもおせちに関する問題は出題されています。ユニークな問題です。

> おせち料理には、「昆布巻き＝よろこぶ」、「数の子＝子どもがたくさん生まれるように」などのように、おめでたいこと・願いごとと結びつけられている品目がたくさん含まれています。そこで、あなたがおせち料理に新たに加えたい一品を挙げ、それと結びつけられるおめでたいこと・願いごとを20字以内で答えなさい。

いったい、何が思いつくでしょうか。めでたいから鯛というのでは不正解です。「新たに加えたい一品」を問うているからです。小学生は実に柔軟な発想を持っています。たとえば、ケーキ。なぜなら景気が良くなることを祈るから、だそうです。洋菓子はおせちに入らないのではという指摘はのみ込んで、経済関係につなげてえらいと誉めました。入試本番ですぐに思いつくかと言えば難しい問題だったのではないかと思います。大喜利のような問題でした。

観光名所

本章の最後に世界遺産の問題を紹介します。

ヨーロッパを代表する次の世界遺産は、それぞれどこの国にありますか。正しい国名を1~4の中から選びなさい。
①ヴェルサイユ宮殿　②ピサの斜塔
1　イタリア　2　ギリシア　3　フランス　4　ロシア

①ヴェルサイユ宮殿は歴史でも出てきます。1914年から始まった第一次世界大戦の講和会議は1919年にパリで開かれ、ヴェルサイユ条約が結ばれました。そこから小学生でもフランスと答えられたと思います。もちろん、ルイ16世と王妃マリー・アントワネ

ットがヴェルサイユ宮殿からパリに追われ、その後コンコルド広場で処刑された歴史を知っている小学生もいます。これは正答率が高い問題だったと思われます。

②ピサの斜塔が出されたのは驚きました。大人であれば一度は世界史の教科書やテレビで見たことがあるでしょう。しかし小学生が解くには難しい問題です。もしかすると、ガリレオ＝ガリレイの実験で知っているだろうと出題者は考えたのかもしれません。ピサの斜塔から大小2つの金属球を落とし、「重力による物体の落下速度は、その物体の質量の大きさによらない」ことを証明しようとした実験です。ただ、ガリレオがイタリア人と知っている小学生も少ないでしょうから、教える側としてはギリシャやロシアではないはずだという消去法で解くようにと指導するでしょう。あるいは、世界の有名な建築物くらい、「社会常識」として知っておくべきだというメッセージかもしれません。このような教養問題が多く出され続けるところから考えると、慶應中等部は社会人になった時に常識的に知っておいてほしいことを求めているように感じます。

慶應中等部の国語

慶應義塾大学の附属校の中でも、慶應中等部が求める教養は独特です。文学作品に対する知識がたびたび問われています。

次のア〜ウは、有名な文学作品の冒頭である。これらの作品の登場人物を、後の1〜9からそれぞれ一つ選び番号で答えなさい。

ア　親譲りの無鉄砲で小供の時から損ばかりして居る。

イ「ではみなさんは、そういうふうに川だと云われたり、乳の流れたあとだと云われたりしていたこのぼんやりと白いものがほんとうは何かご承知ですか。」先生は、黒板に吊した大きな黒い星座の図の、上から下へ白くけぶった銀河帯のようなところを指しながら、みんなに問をかけました。

ウ　越後の春日を経て今津へ出る道を、珍らしい旅人の一群が歩いている。母は三十歳を踰えたばかりの女で、二人の子供を連れている。姉は十四、弟は十二である。

1 厨子王　2 犍陀多　3 仙吉　4 瀬川丑松　5 善太
6 ジョバンニ　7 赤シャツ　8 メロス　9 コペル君

作品名を答えるのではなく、登場人物を答える問題です。作者名と作品名を暗記するだけでは太刀打ちできません。本当の読書好きを求めていることが分かります。

では、まずアです。これは有名な作品ですから、小学生でもすぐに夏目漱石の『坊っちゃん』と分かるでしょう。問題は、その登場人物を答えなければならないという点です。正解は7の「赤シャツ」。内容がおぼろげになってしまったとしても、このユニークなあだ名であれば覚えているのではないでしょうか。主人公の「坊っちゃん」は愛媛県に教師として赴任します。「校長は狸、教頭は赤シャツ、英語の教師はうらなり、数学は山嵐、画学はのだいこ」とあだ名をつけた中の赤シャツです。年中赤シャツを着ていることから名づけられた文学士の赤シャツは組織の権力の象徴として描かれています。夏目漱石は、帝国大学（現東京大学）英文科を出ていますが、大学の権威主義に辟易していたことが赤シャツに投影されたのではないかとも考えられています。それにしても赤シャツを選ばせる慶應中等部は粋な問題を出すと思います。夏目漱石は『私の個人主義』で「『坊ちゃん』の中に赤シャツというあだ名をもっている人があるが、あれはいったい誰の事だと私はその時分よく訊かれたものです。誰の事だって、当時その中学に文学士と云ったら私一人なのですから、もし『坊ちゃん』の中の人物を一々実在のものと認めるならば、赤シャツはすなわちこういう私の事にならなければならんので、――」と言っているのです。夏目漱石＝赤シャツと言っているのですから、この問題は作者を選ぶ問題とも言えます。エリートはとかく権威主義になりがちですが、そこに自戒を込めた人物を登場させたのかもしれません。

次にイです。ヒントは銀河。これは宮沢賢治の『銀河鉄道の夜』です。しかし、それだけでは正解できません。主人公の名前がジョバンニと知っておく必要があります。正解は6です。ただ、この問題も難しくありません。少しでも読んだことがあれば、冒頭の文章のすぐ後にジョバンニは登場します。家が貧しく漁に出た父が帰ってこず、病気の母のために働くジョバンニは、友人のカムパネルラと銀河鉄道に乗って旅をします。そこで「ほんとうのさいわい」を探すのです。銀河鉄道の終盤、友人のカムパネルラは母がいると言っていなくなってしまいます。おそらく銀河鉄道で出てくる乗客たちは死者でしょう。氷山に衝突して沈んだ船に乗っていた青年と姉弟や、最後に目覚めたジョバンニが町へ向かうと、カムパネルラが友達を助けようとして川で溺れ行方不明になったことなどから推測できるのです。しかし、これも一つの解釈にすぎません。優れた作品がそうであるように、多様な解釈が可能です。また、幸せとは何なのか、みんなの幸せを考えるという深いテーマ性を持った作品なのです。岩手県花巻市には宮沢賢治記念館があり、彼の足跡に触れることができますし、宮沢賢治童話村では、賢治の頭の中をのぞくことができます。作品を知らないで行ったら、意味不明です。昆虫の人形がピコピコ音を出していたり、『やまなし』に出てくるクラムボンのような物体があったりするのですが、「不思議な人だったんだな」という感想だけで終わってしまうでしょう。

最後はウです。「姉は十四、弟は十二」から安寿と厨子王の話だと気づきたいところですが、小学生だと読んだことがない子の方が多いでしょうから難問でしょう。森鷗外の『山椒大夫』の冒頭です。母と姉弟で父親を探すも、人買いに騙されて母と姉弟は離れ離れになり、奴隷として売り飛ばされるものの、姉の安寿が弟の厨子王を逃がすストーリーは有名です。そして、ラストの「安寿恋しや、ほうやれほ。厨子王恋しや、ほうやれほ。」という盲目の女性の言葉に、「身うちが震って、目には涙が湧いて来た」正道（厨子王の元服名）に心を震わされた人も少なくないでしょう。『山椒大夫』は江戸時代の説経節『さんせう太夫』をベースにした作品です。『さんせう太夫』には荒々しい復讐の場面が色濃く描かれているのに対し、森鷗外の『山椒大夫』は親子や姉弟の愛情が中心に据えられています。この作品は映画、ドラマ、舞台の題材になっただけでなく、中島みゆきの「夜会」（音楽と劇を融合した舞台）でもモチーフとされ、また最近では21世紀版の山椒大夫として吉田修一『アンジュと頭獅王』が出版されるなど、多くの影響を与えています。それだけ森鷗外は小説家として、人間の普遍的な感情を描き出したのです。

他の選択肢の人物についても簡単に紹介します。

2は芥川龍之介の『蜘蛛の糸』に登場する罪人、3は志賀直哉の『小僧の神様』の小僧、4は島崎藤村の『破戒』の主人公、5は、坪田譲治の『風の中の子供』に登場する兄弟の兄です。ほとんどの小学生が知らないでしょう。8は、太宰治の『走れメロス』の主人公であり、9は、近年、漫画化もされてベストセラーになった吉野源三郎の『君たちはどう生きるか』の主人公ですから、8や9であれば作者や作品名も答えられそうです。

文学作品の題名

では、次の問題です。

> 太宰治の命日にあたる六月十九日は、桜桃忌と呼ばれ、今もたくさんの人が太宰の墓を訪れる。二〇〇九年は、ちょうど彼の生誕百周年の年であった。彼の代表作として、（　）が有名である。
>
> 1『坊っちゃん』　2『杜子春』　3『風の又三郎』
>
> 4『走れメロス』　5『小僧の神様』

これは基本問題です。正解は4の『走れメロス』。1の『坊っちゃん』は夏目漱石、2の『杜子春』は芥川龍之介、3の『風の又三郎』は宮沢賢治、5の『小僧の神様』は志賀直哉の作品です。この問題は2010年に出題されていますが、2013年に先ほど取り上げた人物を答える問題が出題されています。『坊っちゃん』『メロス』『小僧の神様』はどちらの年度でも選択肢に入っていますから、このレベルは知っておいて当然という学校のメッセージを感じ取ることができますし、対策を立てるべき範囲もおのずから見えてきます。

さて、『走れメロス』だけでなく『人間失格』『斜陽』などで知られる太宰治は芥川賞を受賞できませんでした。第1回選考に漏れた後、選考委員の川端康成を批判する文章「川端康成へ」を発表します。そこには「刺す。そうも思った。大悪党だと思った」という過激な文章もあります。その人生も波瀾万丈で女性関係も複雑、最期は愛人と玉川上水に入水しました。

芥川賞は年何回?

では、太宰治がとれなかった芥川賞についての問題です。

> 芥川龍之介から名を取り、純文学の優れた作品を書いた作家に贈られる芥川賞は、（　　）、選考される。
>
> 1　一年に一回　　2　一年に二回　　3　一年に三回
>
> 4　二年に一回　　5　四年に一回

芥川賞は1935年に創設され、2019年までに162回選考が行われました。途中1945年から1948年までの戦中戦後には行われていない時期がありますが、それ以外は年2回の選考を行っています。正解は2です。

とは言え、年に2人の芥川賞作家が選ばれるということでもありません。受賞者なしという回も少なからずあるのです。まず第2回、太宰治が芥川賞を熱望し、選考委員に手紙まで送った回は受賞者なしとしています。その後も2019年までに32回受賞者なしとなりました。特に1986年は前期も後期も受賞者なしという異例の年でした。一方、たとえば2015年は4人の芥川賞作家が誕生しました。2015年前期は、タレントとしても活躍している又吉直樹の『火花』と、羽田圭介の『スクラップ・アンド・ビルド』が同時に受賞、2015年後期も受賞者が2名で、あわせて年間4名となったのです。

芥川賞は、純文学の新人に与えられる文学賞であり、登竜門という位置づけになっています。「無名あるいは新人作家」を対象としている点が曖昧であり、度々議論になってきました。なお、三島由紀夫や村上春樹といった著名な作家でも受賞していないものです。優れた作品を発表しても、その時すでに新人ではないとみなされたのでしょう。

文学作品にまつわる問題

一族の隆盛から、壇ノ浦での滅亡までを描いた（　）は、目の見えない琵琶法師による琵琶の弾き語りで伝えられた軍記物語で、那須与一の『扇の的』や『木曾の最期』などが有名である。

1『里見八犬伝』　2『源氏物語』　3『平家物語』
4『三国志』　5『太平記』

「祇園精舎の鐘の声、諸行無常の響きあり」というのは、ほとんどの小学6年生がそらんじることができます。多くの公立小学校の授業で扱われるのだそうです。平家一門の栄枯盛衰を描いた『平家物語』です。正解は3となります。1185年の壇ノ浦の戦いで平家は滅亡しました。『平家物語』は次のように続きます。「沙羅双樹の花の色、盛者必衰の理をあらはす。奢れる人も久しからず、ただ春の夜の夢のごとし。猛き者も遂にはほろびぬ、偏《ひとへ》に風の前の塵におなじ」。これもそらんじられる子が多く、何より意味も知っていることに驚かされます。ちなみに、小学生は『竹取物語』の冒頭も同様にそらんじることができます。「今は昔、竹とりの翁といふものありけり。野山にまじりて竹をとりつつ、よろづのことにつかひけり。名をば、さぬきのみやつことなむいひける」。いずれ中学や高校で古文として学習するのでしょうが、そらんじることができるような教育は後々活きてくると感じます。

1は江戸時代の化政文化の作品です。選択肢は『里見八犬伝』となっており、映画や舞台だとこのタイトルですが、原作の小説の名前は『南総里見八犬伝』。作者は曲亭馬琴です。2は平安時代の作品です。『源氏物語』の作者は紫式部で、恋愛小説というだけでなく、平安時代の貴族の生活様式も分かる貴重な史料です。間違えるとしたらこの選択肢でしょうが、源平合戦や平家が滅亡した壇ノ浦の戦いが描かれているということは、平安時代はありえません。4の『三国志』は中国の正史の一つであり、明らかに異なることは分かります。5の『太平記』は室町時代の作品です。その中でも、天皇が2人いた特殊な時期である南北朝時代の争乱を描いた軍記物です。

この問題は文学好きだから知っているというより、歴史の知識があれば正解できる問題と言えるでしょう。次も歴史の問題ですが、社会の授業で扱うことはありません。

戦国時代、上杉家に仕えた武将、直江兼続を主人公としてその生涯を描いた歴史小説は、（　）である。
1『天地人』　2『風林火山』　3『功名が辻』
4『龍馬伝』　5『燃えよ剣』

直江兼続を中学受験向けの授業で扱うことはまずありません。もしこの問題を今の中学受験生に解かせるとしたら、迷わず「消去法で絞ったうえで考えよう」と伝えます。２の『風林火山』は、武田信玄に関連する話であることは推測できます。軍旗に書かれた「疾如風、徐如林、侵掠如火、不動如山」（疾きこと風の如く、徐かなること林の如く、侵掠すること火の如く、動かざること山の如し）の文字だと分かるからです。実際には、武田信玄に仕えた軍師の山本勘助が主人公の小説です。４の『龍馬伝』の主人公は坂本龍馬ですから、これも明らかに異なります。

正解は１の『天地人』です。なお、３の『功名が辻』の主人公は、戦国時代の武将山内一豊とその妻。司馬遼太郎の作品です。5の『燃えよ剣』も司馬遼太郎作。主人公は、幕末に新選組の副長として活躍した土方歳三です。

これを小学生に問うとはいったいどういう意図があるのだろうと思いそうですが、出題された時には皆、意図を理解できました。この問題が出されたのは2010年、そして2009年のNHK大河ドラマは『天地人』だったからです。毎年大河ドラマを見てきた方であれば、右の選択肢を見てすぐに気づいたかもしれません。選択肢の2から4は、大河ドラマの作品なのです。『風林火山』は2007年、『功名が辻』は2006年、『龍馬伝』は2010年でした。『燃えよ剣』もたびたび映画化、ドラマ化されています。

続いても文学作品の問題です。

次に挙げるA～Dは、ある文学作品の中の一節（一首）である。後の各問いに答えなさい。

A　トランペットは一生けん命歌っています。

ヴァイオリンも二いろ風のように鳴っています。

クラリネットもボーボーとそれに手伝っています。

ゴーシュも口をりんと結んで眼を皿のようにして楽譜を見つめながらもう一心に弾いています。


B 「金はもういらない？　ははあ、では贅沢をするにはとうとう飽きてしまったと見えるな」

老人は審しそうな眼つきをしながら、じっと杜子春の顔を見つめました。

「何、贅沢に飽きたのじゃありません。人間というものに愛想がつきたのです」

杜子春は不平そうな顔をしながら、突慳貪にこう言いました。

C やはらかに柳あをめる
北上の岸辺目に見ゆ
泣けとごとくに

D 祝宴は、夜に入っていよいよ乱れ華やかになり、人々は、外の豪雨を全く気にしなくなった。メロスは、一生このままここにいたい、と思った。この佳い人たちと生涯暮して行きたいと願ったが、いまは、自分のからだで、自分のものでは無い。ままならぬ事である。メロスは、わが身に鞭打ち、ついに出発を決意した。

A・B・C・Dの作者はだれか。次の1〜9から一つずつ選び番号で答えなさい。

1　川端康成　2　芥川龍之介　3　司馬遼太郎
4　石川啄木　5　金子みすゞ　6　太宰治
7　堀辰雄　8　菊池寛　9　宮澤賢治

比較的簡単な問題ですから、できれば全問正解したいところです。まずは解答から見ていきましょう。

A　9（宮沢賢治『セロ弾きのゴーシュ』）
B　2（芥川龍之介『杜子春』）
C　4（石川啄木『一握の砂』）
D　6（太宰治『走れメロス』）

Aはゴーシュ、Bは杜子春、Dはメロスという登場人物の名前が出ているので、それをヒントに答えを出すことができます。先ほど紹介した問題は、文学作品の冒頭の文章から登場人物の名前を答える問題でしたが、今度は登場人物が分かるところから作者名を答える問題となっています。今回は作者名と作品名を丸暗記した生徒でも対応できる易しい問題でした。学校としては小説を読んだことがある子であれば容易に解けるが、受験勉強ばかりで本を読んでこなかった生徒には解きにくい問題を出そうと意識しているのでしょう。なお、Ｃの石川啄木は歴史の授業でも登場します。歌集『一握の砂』は有名です。

ここまで慶應中等部の文学作品の問題を取り上げてきました。特徴として、夏目漱石、芥川龍之介、宮沢賢治、太宰治といった国民的作家は繰り返し出題されていることが分かります。小学生にもなじみのある作品は少なくとも読んでおいてほしいというメッセージを読み取れます。

しかし、慶應が求める教養は文学作品だけでもなさそうです。次の問題を見ていきましょう。

芝居の題名

次にあげたせりふは、ある芝居の中で登場人物がのべるものです。その芝居の題名を後の語群から一つずつ選んで番号で答えなさい。

ア「知らざあ言って聞かせやしょう。浜の真砂と五右衛門が歌に残した盗人の種は尽きねエ七里が浜、その白浪の夜働き、以前を言ゃァ江の島で、年季勤めの稚児が淵、…」

イ「若君菅秀才の首に相違ない、相違ござらぬ。でかした、源蔵。よく討ったなァ」

ウ「かように候者は、加賀の国の住人、富樫左衛門にて候。さても頼朝・義経、御仲不和とならせ給うにより、判官殿主従、奥秀衡をたのみ、作り山伏となって陸奥へ下向ある由、鎌倉殿、聞こし召し及ばれ、かく国々へ新関を立て、山伏を堅く詮議せよとの厳命によって、某、この関を相守る」

エ「武具、馬具、武具、馬具、三ぶぐばぐ、合わせて武具、馬具、六ぶぐばぐ。菊、栗、菊、栗、三菊栗、合わせて菊、栗、六菊栗。麦ごみ麦ごみ、三麦ごみ、合わせて麦ごみ六麦ごみ、あのなげしの長なぎなたは、誰がなげしの長なぎなたぞ…」

オ「こりゃァ面白くなってきたっ、サア、抜け、抜け、抜け抜け抜け、抜かねエか」

1『勧進帳』　2『寺子屋』　3『白浪五人男』

4『外郎売』　5『助六』

果たして、小学生が芝居の台詞から答えを出せるものなのでしょうか。まったく思いつかなかったという受験生も少なくないでしょう。では解説していきます。

まず、アは知識がなくても文章中の「白浪」から3『白浪五人男』と分かります。歌舞伎の演目です。

次に、ウは『勧進帳《かんじんちょう》』です。頼朝、義経という登場人物、そして陸奥に下向する（逃れる）などから答えられた人もいるでしょう。「御仲不和」という言葉から、頼朝と義経の仲が悪かったことも読み取れます。だからといって『勧進帳』と答えられるかと言えば難しい問題です。ただ、これも歌舞伎をかじったことがあれば、とても易しい問題に感じられたのではないでしょうか。初代市川團十郎によって初演された、成田屋の「歌舞伎十八番」の一つです。源義経が弁慶を先頭にして北陸経由で奥州に逃れる途中の物語です。関所の関守であった富樫は、山伏に扮した義経一行を怪しんで取り調べをします。火事で焼けた東大寺再建のため勧進（寄付）を募っていると言う弁慶に、それなら勧進帳を持っているはずだから読んでみせろという。弁慶はもちろん勧進帳を持っていないので、何でもない巻物を勧進帳であるかのように見せて、すらすらと出まかせに勧進の目的を話します。さらに疑う富樫に対し、主君である義経をつえで叩き、疑いを晴らします。もし一行が義経とその家来たちならば、家来として主君を叩くなどできるはずもないということで、無事関所を通り抜けることができたという話です。機転を利かせた弁慶をほめる義経と、とは言え主君を叩くという無礼をおかしたことを詫びて涙する弁慶。それだけでも感動的な場面なのですが、富樫は義経一行だと気づいていて関所を通したのです。それだけ主君を思う弁慶の姿に心を打たれたので、気づいていないふりをする富樫を含めた三者三様の心情の動きが人々をひきつけます。イは『寺子屋』。菅原道真の血筋を絶やそうとする藤原時平から、道真やその息子は命を狙われます。それをもとの家臣が助けようとする「菅原伝授手習鑑」の一場です。これも歌舞伎の演目としてはとても有名です。

エの『外郎売《ういろううり》』は、もともと2代目市川團十郎によって初演された歌舞伎であり、成田屋の「歌舞伎十八番」の一つですが、今ではそこで出てくる長台詞が早口言葉の練習としても使われており、それで知っているという人も少なくありません。外郎とは、薬のことです。小田原の名産でした。ただ、ういろうと聞けばお菓子のことだろうと思う人も多いでしょう。関西などでは、米粉から作られた蒸し菓子を想像します。関東では、薬として

も お菓子としても知られているようです。『東海道中膝栗毛』で弥次さん喜多さんが薬の外郎をお菓子の外郎だと間違えてしまう場面があるように、どちらなのか間違えやすいものだったのでしょう。

オの『助六』に至っては、舞台が吉原、そして遊女に言い寄るものに喧嘩をしかける話です。およそ小学生にはふさわしくなさそうですが、視点を変えれば慶應中等部で出題されるのも頷けます。歌舞伎に造詣が深い人であれば、ここまでの問題同様、すぐに解けてしまう問題だからです。『助六』は古典歌舞伎を代表する作品であり、これも成田屋の「歌舞伎十八番」の一つです。『外郎売』同様、2代目市川團十郎によって初演されました。食べ物の「助六」もこの歌舞伎から来ています。助六の愛人であった遊女の名前が揚巻と言いました。この揚巻、稲荷の「油揚」と「巻寿司」に通じることから、いなりずしと巻きずしを入れたものを助六寿司というようになったのです。

歌舞伎の台詞から作品名を答えさせる問題というところに、慶應中等部らしさを感じます。日本の伝統芸能に親しんでいる子であれば簡単に解けるような問題を用意するあたりが、学校のメッセージ性を感じます。文学作品だけではなく、古典芸能にも触れたことがあるような子を求めているのです。とはいえ、歌舞伎に造詣の深い家庭はあるとしても、小学生の子どもまでが台詞を見ただけでタイトルが分かるほど詳しくなるというのはなかなか現実では難しい気がします。

慶應でこの問題が出された2007年からはやや遡りますが、『白浪五人男』や『外郎売』は、2001年に出版された『声に出して読みたい日本語（齋藤孝）』や、2003年からNHKで放送されている番組「にほんごであそぼ」などでも紹介されていました。これらをきっかけに、日本語の豊かな表現を見直し、魅力を再確認しようという気運が高まったことの影響が、入試においても及んだのだと思います。

おかしな日本語

それでは続いて、「正しい日本語」についての問題を取り上げます。

次のA～Eの文章を読んで、――のことばの使い方が正しければ1を、まちがっていれば2を記入しなさい。

A　僕は学校の遠足で、ある工場に見学にきています。説明をしてくれる工場長さんが重そうな荷物を持っていたので、その中の一つを持って助けたいと思い声をかけました。

「工場長さん、その荷物お持ちになりましょうか」

B　僕は近所のコンビニへ買い物に行きました。合計百五十円のお菓子を買うのに小銭がなくて千円札を店員さんにわたしました。すると店員さんが「千円からお支払ですね」と言いました。

C　わたしは、クラスの仲の良い友達といっしょに、学校で禁止されているコンビニへの寄り道をしたところ、先生に見つかってしまいました。先生に「君たち、こんなところで何しているんだ」と聞かれたので、「いえ、大丈夫です」と答えました。

D　お母さんの田舎からりんごがたくさん送られてきました。お母さんが隣の奥さんにおすそ分けとして七個もっていって、「田舎から送ってきたものですけど、どうかいただいて下さい」と言ってわたしました。

E　わたしはお父さんといっしょに旅行会社の窓口に行き、沖縄旅行の予約をしました。お父さんが「それでは、よろしくお願いします」というと、旅行会社の人が「かしこまりました。ご希望の飛行機のチケットをすぐに手配いたします」と答えました。

AからEで正しい使い方は一つしかありません。さて、解くことができたでしょうか。

正解は次の通りです。

A　2　B　2　C　2　D　2　E　1

つまりE以外はすべて正しくないということになります。

A　荷物を「持つ」のは「僕」なので、自分に尊敬表現を使ってしまっています。「お～する」は自分がへりくだる謙譲表現ですが、「お～になる」だと尊敬表現になります。謙譲表現を使った「お持ちしましょうか」などとするのが正しい表現となります。

B　「千円から支払う」という言い方は不自然です。この場合、店員が客から「千円」を受け取っておつりを出すのだから、「千円お預かりします」などとするのが自然です。

C　「何しているんだ」と聞かれているのに、対応した答えになっていません。日常生活で詳細を伝えたくないときに「大丈夫です」という表現を使うことはありそうですが、禁止されている寄り道を先生に見つかり指摘をされているのですから、それに対応した答えでなければなりません。「問いと答えはセットで会話」と私はよく小学生に指導します。聞かれている形式にそって答えることで会話は成立するのですが、聞かれていることに直接答えていない記述解答をしてしまう子は多くいます。

D　「食べる」のは「隣の奥さん」です。それにもかかわらず、「いただく」という謙譲語を使っているのでおかしな日本語になっています。相手が「隣の奥さん」ですから尊敬語を使って「めし上がって下さい」などとすすめるべきでしょう。

E　「手配する」のは「旅行会社の人」です。「手配いたします」というのは謙譲表現であり、旅行会社の人が自分の行為を言っているので正しい表現になります。

敬語は難しいと思われがちで、細かいルールを覚えるのが億劫かもしれません。しかし、まず主語が自分なのか相手なのか、誰に対して敬意を払うべきなのかを考えれば、間違った表現も減らすことができるでしょう。中学入試では敬語は頻出です。

謹賀新年と干支

では最後に、正月の挨拶と干支についての問題です。

○○先生

①謹賀新年

旧年中は（　　　　A　　　　）

さて　今年の②干支は（　B　）ですね

そのイメージのように　のんびりという訳にはいかず

今は来月に迫った中学受験の追い込みで

昼夜勉強に励んでおります

「冬来たりなば　春遠からじ」と言います

卒業までに残された時間もあとわずか

クラスの仲間と楽しい思い出を一つでも多く残したいです

そして　桜の咲くころには中学校へ進学します

新たな学校　また友人との出会いを待ち遠しく思います

それでは　本年もご指導よろしくお願い申しあげます

二〇一五年一月一日　元旦

慶應　国男

問一 ――①「謹賀新年」とはどのような意味か、もっともふさわしいものを次の1〜5から選び番号で答えなさい。

1 新たな気持ちで新年のスタートを切ること。
2 つつしんで新年の喜びを申し上げること。
3 神様に願いや祈りをささげつつ、良い年にしようということ。
4 初日の出のまばゆさにあふれて、新年を迎えること。
5 新年を迎え、冬の寒い時期に体を労わってほしいということ。

問二（ A ）に入れるのにふさわしい表現を考え、十五字以上二十字以内で書きなさい。ただし、句読点は使用しないこと。

問三 ――②「干支は（ B ）ですね」について、次の問いに答えなさい。

a 「支」には動物が割り当てられるが、その種類は全部でいくつあるか、もっともふさわしい数を次の1〜5から選び番号で答えなさい。

1 六　2 八　3 十　4 十二　5 十四

b （ B ）に入る動物としてもっともふさわしいものを、次の1〜5から選び番号で答えなさい。

1 いぬ　2 うさぎ　3 ひつじ　4 うし　5 ねこ

年賀状を書くという風習は急速になくなりつつあります。そこまで極端なことはないだろうと思われそうですが、年賀はがきの発行枚数を見ると実にピークの半分ほどにまでなっているのです（図参照）。これからも、メールやSNSで新年のあいさつを交わす事が増えていくばかりでしょう。

もちろん、慶應中等部の国語科の先生としては、風習を軽んじてよいとは思っていないでしょうから、年賀状についても最低限のことは知っておいてほしいという思いがあるのだと感じます。ここまで取り上げた小説、歌舞伎同様、文化の度合いが高い家庭の子が合格しやすい問題になっているのです。

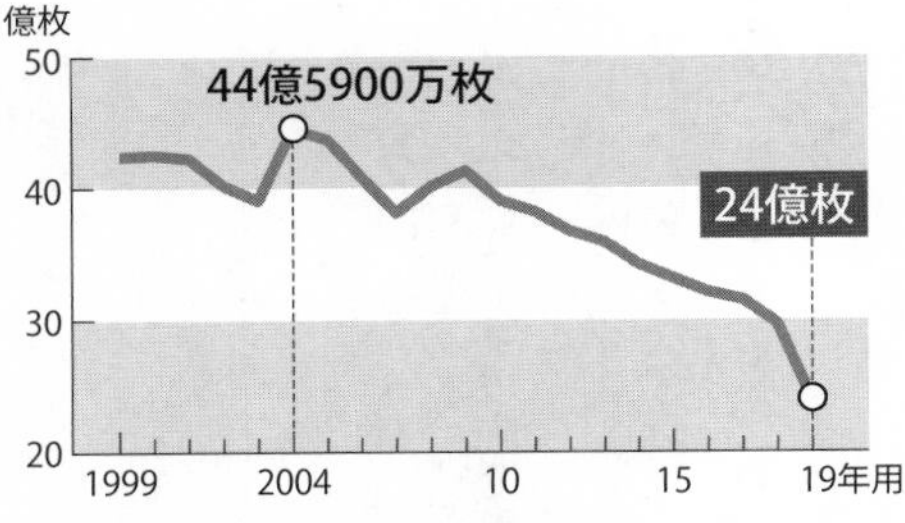

（注）2018 年用までは総発行枚数。19年用は18年11月１日時点での当初発行枚数

年賀はがきの発行枚数

まず問一から。「謹賀」の意味を知っていれば簡単です。「謹」はつつしむ、「賀」は喜びたたえるという意味ですので、「謹賀」で「つつしんでお祝いを申し上げる」ということです。正解は2。「つつしんで新年のおよろこびを申し上げます」というフレーズを聞いたことがあれば正解できるでしょう。

次に問二です。これは厳密な日本語を問うているわけではなく、年賀状にどういうことを書くものか知ってほしい、あいさつのマナーを知ってほしいという意図があるのでしょう。「大変お世話になりありがとうございました」という内容であれば正解です。「旧年中」とあるので、前の年にお世話になったことを書くのです。年賀状に慣れない小学生だと「今年は大変お世話になりました」というほほえましい文章で年賀状が送られてくることがあります。配達は1月になってからですから、今年はまだ始まったばかりです。

最後に問三。

a　十二の動物を割り当てたもので、「十二支」とも言います。正解は4です。

b　二〇一五年の干支は「ひつじ（未）」です。十二支は、「ね（子）」、「うし（丑）」、「とら（寅）」、「う（卯）」、「たつ（辰）」、「み（巳）」、「うま（午）」、「ひつじ（未）」、「さる（申）」、「とり（酉）」、「いぬ（戌）」、「い（亥）」の順になっています。干支はもともと「十干十二支」の略であり、十干とは「甲・乙・丙・丁・戊・己・庚・辛・壬・癸」の10を指します。かつては「甲乙丙丁」が成績にも使われていましたし、今でも裁判や契約書には文言が出てきます。

干支はさすがに小学生でも知っていると思いますが、だからといって塾の授業でじっくり学習するものでもありません。2019年に中央大附属で次のような問題が出るなど、社会常識を問う問題はよく見られますし、これくらいは解かなければなりません。

下の図は、十二支で方角を表したものです。（あ）～（え）に当てはまる組み合わせとして、正しいものを次の①～④から1つ選びなさい。

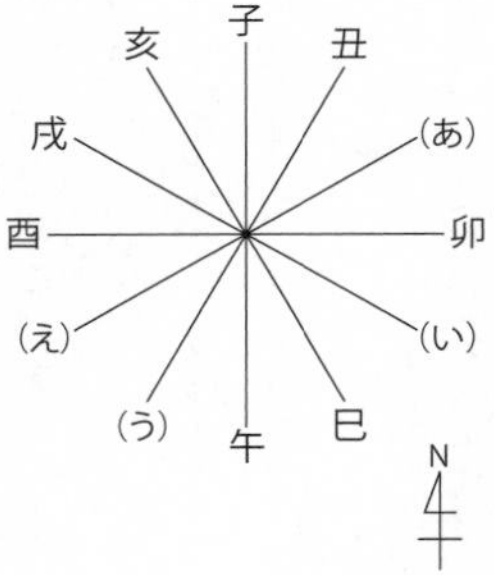

	（あ）	（い）	（う）	（え）
①	寅	辰	申	麒
②	辰	未	寅	申
③	寅	辰	未	申
④	辰	寅	申	麒

先ほど述べた順番の通り、この問題の正解は③です。

諭吉の教えに通じる入試問題

慶應義塾の創立者である福澤諭吉の教えを受け継ぐ慶應中等部の入試問題を見てきました。多岐にわたる「教養」が求められていますが、小学生に対して小説など本を読むことをすすめつつ、その一方で「けっして字を読むことのみを勧むるにあらず」（『学問のすゝめ』）という意思を感じます。

一見、不思議に思える問題ですが、入試問題を通して教養を身につけることができます。机に向かって問題を解く受験勉強ばかりではなく、実際に社会に出て演劇を見たり、誰かに手紙を書いたりといった実体験を重んじてほしいというアドミッションポリシーが感じられる点で素晴らしい入試問題と言えるでしょう。

第4章

時事問題が求める「大人の常識」〈桜蔭・早稲田・洛南 etc.〉

外国人にまつわる問題

中学入試にも訪日外国人数に関する問題は多く出題されています。

外国人観光客数は年々増加しています。政府はもともと、2020年の外国人観光客数の目標を2000万人と設定していましたが、これを2016年に前倒しで達成。新たに2020年には4000万人、2030年には6000万人という目標を掲げました。2018年には3000万人を突破しています。

下のグラフのAは日本人の海外旅行者数の移り変わりを、ア〜エのいずれかは日本を訪れる外国人旅行者数の移り変わりを示しています。日本を訪れる外国人旅行者数の移り変わりを示すものをア

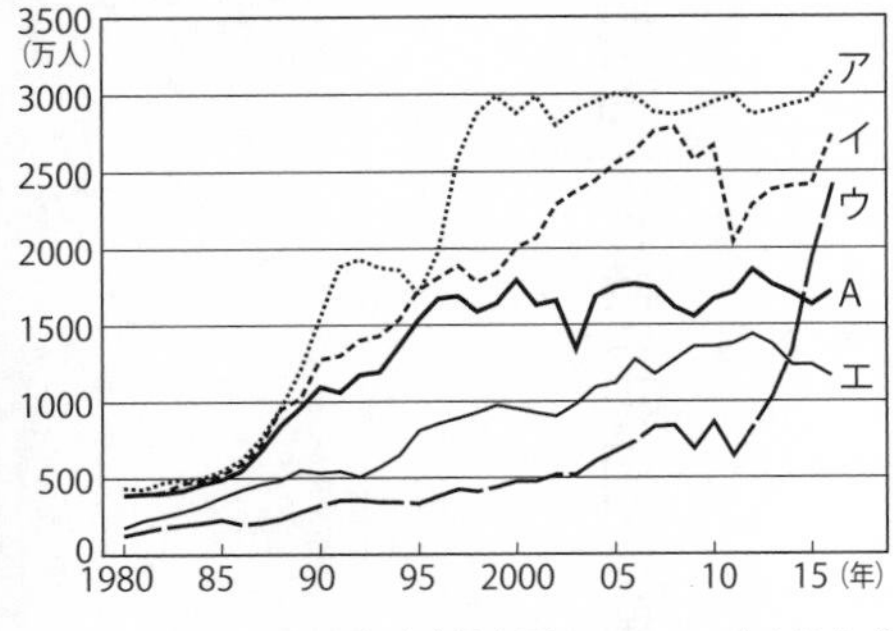

日本政府観光局ホームページより作成

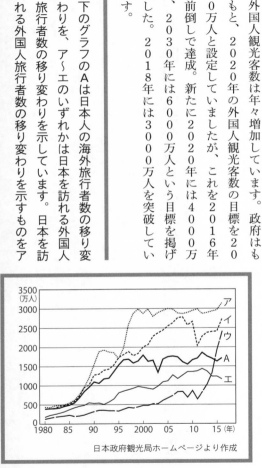

～エから一つ選び、記号で答えなさい。
注：日本人の海外旅行者数と、日本を訪れる外国人旅行者数は、ともに観光目的だけでなく仕事目的などでの旅行も含みます。日本を訪れる外国人旅行者数は日本に居住する人を除きます。
（横浜雙葉）

正解はウ。2012年から激増していることが分かります。もともと増加基調にあった訪日観光客数ですが、2008年に起こったリーマンショックの影響で減少、そして2011年東日本大震災でも減少していることが分かります。その後は急激に増加を続け日本人の海外旅行者数を大幅に上回っているということになります。

急激な増加は、観光客の受け入れ環境整備だけでは説明がつきません。デフレ脱却に向けた日銀の金融緩和によって、円安が進んだことも影響しています。一時は1ドル120円台となりました。円高不況と呼ばれていたころは1ドル80円前後でしたから、日本に来たら相当安く感じたことでしょう。

ほかにも、格安航空会社が日本に多く就航したことは旅行者数の増加につながりました。安く日本を訪れることができるようになったのです。では、ここで次の問題です。

航空路線の増加について、理由の一つとして安い運賃で就航する航空会社の参入があげられます。

このような格安航空会社のことを何といいますか。アルファベット3文字で答えなさい。

(早稲田)


正解はLCCです。ローコストキャリアの略で、低価格の運賃となっています。もちろん徹底的な効率化をはかっているため、サービスは最低限。機内食がないこともしばしばで、ドリンクも有料だったりします。日本には、韓国、中国、香港、タイなどとの間にさまざまなLCCが就航しており、往復でも2万円や3万円で海外旅行が楽しめるようになりました。日韓関係が悪化したことにより、需要が減少し、ソウルや釜山へ格安で旅行できるということがニュースでもよく取り上げられていました。しかし、その前から価格破壊とも言える格安の航空券が出ています。香港エクスプレス航空を利用すれば香港との往復2万円程度、ティーウェイ航空やイースター航空を利用すれば、ソウルとの往復1万円台半ばの航空券を探すことができます。これらは燃油サーチャージ代込みの料金です。航空会社の中には受託手荷物不可であったり、有料オプションとなっていたりしますが、それでも格安で海外旅行が楽しめるようになっています。首都圏から福岡に行くより、韓国や香港に行く方が安いこともあるという時代になっているのです。

特にLCCの誘致に成功して日本最大のLCCの拠点となった関西国際空港には日本初のLCC専用ターミナルもできました。

では次にフェリス女学院の問題を見ていきましょう。

> 世界各国から国際線が乗り入れ、また、国内の路線も集中している拠点空港のことを何といいますか。
>
> （フェリス女学院）

正解はハブ空港。路線が集中している拠点空港のことをハブ空港と言います。もともと日本のハブ空港といえば成田国際空港でした。2000年代初頭は韓国の仁川《インチョン》空港が北東アジアのハブ空港としての地位を確立し、日本の存在感は低下していました。

2010年、羽田空港の国際線旅客ターミナルの供用が開始され、国際線定期便が多く就航するようになりました。「OAGメガハブ・インターナショナル・インデックス20

19」によると、国際線乗継便数アジア1位はシンガポールのチャンギ空港、羽田空港は香港、クアラルンプール（マレーシア）、バンコク（タイ）、ジャカルタ（インドネシア）などよりも下位になっていますが、世界の空港の中では20位くらいにまで上昇しています。羽田空港は都心部に近いため利便性が高く、これが訪日外国人観光客数の増加にも影響したと言えるでしょう。

なお、ＯＡＧはＬＣＣの国際ハブ空港ランキングも公開しています。１位はクアラルンプール国際空港です。上位はアジアが独占しています。

では続いて慶應普通部の問題です。

来日する外国人の増加にともなって、外国人にも分かりやすい案内用の図記号が使用されるようになっています。この案内用の図記号を何と呼びますか。次のア～エから選んで記号で答えなさい。

ア．ガイドピクチャー　　イ．ランドマーク
ウ．シンボルグラフィー　エ．ピクトグラム

（慶應普通部）

外国人が日本に来る際におもてなしをする我々が気をつけるべきことはどういうことかというのは中学入試でも頻出です。

たとえば案内の多言語化を進める、駅の看板においても日本語だけではなく英語や中国語やハングルでも表記するといったような工夫。特に交通網に関して利便性を高めるという政策が掲げられており、その中で案内図の記号をより分かりやすくすることがすすめられています。

この問題、正解はエのピクトグラムです。たとえば温泉のピクトグラムをどのようにするかということが話題になりました。もともとのピクトグラムは♨です。ただこれでは果たして温泉なのか、外国人には分かりません。日本人にとってはなじみのあるマークでも、文化の違いで分からないものなのです。これは、ラーメン、あるいは湯気が立っている温かい食べ物に見えるといった意見も出たそうです。そこで、観光客にも分かるように次のようなピクトグラムを作りました。

このように日本人だけではなく海外の人でも分かるようなピクトグラムの製作が続けられています。ちなみに温泉の新しいピクトグラムには批判も多く出ました。まるで家族を釜茹での刑に処しているようにも見える、温泉であることが分からない、など。結局、以

前からのものでも、新しいものでも、どちらを使ってもいいことになりました。
特に2020年の東京オリンピックで多くの外国人客を迎えるにあたって言語に頼らない案内の重要性が増しています。新たに追加されたものもあります。何を表しているか分かりますか。

①  ②  ③ 

基本的に全員が分からないと、ピクトグラムとして意味がないと思うのですが、いかがでしょう。①は易しいですね。無線LANです。Wi-Fiと思った人も問題ありません。②はコンビニエンスストアです。サンドイッチと飲み物を売っている店ということです。③はホームドアから身を乗り出さないように、というものです。いかがでしたか？ 意外と全員に分かるピクトグラムを考えるのは難しいのだと思いますが、時代の変化に合わせて、適宜変更が加えられたり、追加されたりしています。

それでは次の問題です。

中国人観光客による「コト消費」

> 中国人観光客のお金の使い方は商品を手に入れることが目的の「モノ消費」だけでなく、「コト消費」も増えてきたといわれています。傍線部について、「コト消費」とは具体的にはどのようなことを指すか、例をあげて説明しなさい。
>
> （学習院女子）

外国人観光客数が増加した2015年辺りでは、モノ消費が主流でした。当時、よく中国人の爆買いということが話題になっていて、日本の優れた製品を買い求め、店には行列ができるようになっていました。特に粉ミルクやオムツなど日本の製品に対して信頼性の高いものを、中国人をはじめとする多くの外国人観光客が購入していく姿が見られ、ドラッグストアの売り上げが急増しました。また、百貨店に行くといつも1階の化粧品売り場は外国人観光客で溢れていました。今ではもう免税専用フロアが百貨店の中にはできており、専用のエレベーターを設けている店もあります。

近年、このようなモノ消費ではなくコト消費の存在感が増してきています。コト消費を一言でいうと、経験です。つまり今までのようにモノを買っていくということに重きが置かれているのではなく、サービスを購入したことで得られる体験に価値を見出すことに消費の中心が移りつつあるということです。

日本にはさまざまな観光名所もありますし、体験できることもあります。たとえば日本の文化ということで忍者の恰好をする、手裏剣を投げることも、一つのコト消費です。さまざまなところで日本の文化に触れるといったようなことが注目されてきています。あるいは観光庁が「訪日外国人の消費動向」を報告としてまとめていますが、日本食を食べることはほぼすべての観光客が体験していますし、「今回は体験しなかったが次回したいこと」では四季の体感が多くあげられています。

イスラム教の知識

続いて外国人を受け入れるにあたっての、宗教の問題について取り上げてみたいと思います。

まず、イスラム教徒が宗教上食べられないものについての問題から抜粋します。

イスラム教徒が宗教上食べられない料理を左から１つ選び、記号で答えなさい。ただし、料理に使用した油はすべて植物油とします。
ア　鶏のからあげ　　イ　白身魚のフライ
ウ　ビーフステーキ　　エ　とんかつ
（早稲田）

正解はエのとんかつ。これは非常にやさしい問題だったと思います。
イスラム教では豚を食べてはいけないとされています。聖典「コーラン」に書かれているのです。豚を使っているとんかつが食べられません。なお、イスラム教徒はお酒を飲むことも禁止されています。最近では、外国人観光客の増加に伴って、イスラム教にも対応した食事を提供しようという店が出てきています。「ハラール」（イスラムの教えで許されている、の意）認証を受けたことを示す店もあります。ただコーランでは鶏肉や牛肉、羊肉であっても、決められた方法で処理されていない場合には食べてはいけないとされていることまでは、知られていないのではないでしょうか。とりあえず、豚肉や豚由来の食品や添加物を避け、アルコールを出さなければ大丈夫と思っていると、失礼なことをしてしまうかもしれません。厳しい場合には、豚肉の入った冷蔵庫に入っていたほかの肉も食べてはならないということもあるのです。一方、国や宗派によって基準が異なるので、そこまで厳格にしなくてもよいという意見もあります。

続いての問題ではイスラム教についてさらに詳しい知識が求められています。

> イスラム教についてのべた文として正しいものを、つぎのアからオまでの中から二つ選び、その記号を書きなさい。
>
> ア　聖典「コーラン（クルアーン）」はアラビア語で書かれている。
>
> イ　エジプトにある聖地メッカには、多くの信者が巡礼に訪れる。
>
> ウ　1年のうちに一定期間、日中に断食を行うことが信者のつとめとされる。
>
> エ　神アッラーの聖像に向けて礼拝をすることが信者のつとめとされる。
>
> オ　特定の民族を救済する教えであるため、日本人がイスラム教徒になることはできない。
>
> （筑波大附属駒場）

難易度で言うと、西の灘、東の筑駒と言えるほど超難関校の国立、筑波大附属駒場中の問題です。開成中が定員300人なのに対し、筑駒は定員120人という狭き門。そこを例年600人以上の生徒が受験します。

それでは解いていきましょう。

ア　聖典がコーランということは小学生でも知らなければならない知識です。

イ　聖地メッカはエジプトではなくサウジアラビアにあります。

ウ　断食を行うということは知っているでしょう。

エ　礼拝と書いてあるので正しそうに見えるかもしれませんが、アッラーの聖像というのが誤りです。というのもイスラム教では偶像崇拝を忌むべきものだと考えていますから、聖像に向けて礼拝するというのはありえない行為です。

オ　日本人がイスラム教徒になることはできないというのは正しくありません。

したがって、正解はアとウです。

外国人との交流の重要性が増してきた中において、日本ではあまりなじみのない宗教についても知る必要性が高まっています。

五輪に向けて

次は急増する外国人観光客への対応に関連した問題です。

急増する外国人観光客への対応として、近年、一般の住宅（マンションなどを含む）を活用した宿泊サービスがおこなわれています。このような宿泊サービスを何とよびますか。ひらがな4字で答えなさい。（大阪星光学院）

海外では、旅行客が一般の住宅に宿泊することは当たり前のようになっています。バケーションレンタルと呼ばれ、その仲介サイトも活況を呈しています。日本にも展開している Airbnb（エアビーアンドビー）を使って、ハワイやフィンランドで宿泊したことがありますが、ホテルと変わらない料金でプール付きの住宅を借りたり、フィンランド式サウナがついた住宅を借りました。広い部屋を大人数で借りると、比較的安価に抑えられ貴重な体験ができます。

さて、このような宿泊サービスを何というか。正解は「みんぱく」です。漢字で書くと民泊。訪日外国人の増加に伴い、日本でも宿泊先として安価に利用できる民泊の需要が高まってきました。また、ホテル不足の可能性も指摘され、民泊が日本でも解禁されました。

しかし、法律で定められるまでは紆余曲折がありました。

まず、民泊の法的な位置づけが曖昧だったため、民泊の貸し手の多くは無許可のまま宿泊者を迎え入れていたのです。そして、地域住民とのトラブルも起こりました。宿泊者が騒いだり、ごみ処理を適切に行わないなど、社会問題化していました。

広尾学園では、民泊のシステムを紹介した上で、民泊の問題点を説明させる問題が2016年に出題されています。

> 2020年には東京でオリンピックが開かれますが、民泊は、その際にホテルや旅館が不足した時の受け皿として期待されていますし、ホテルや旅館などに比べて割安で利用できることもその魅力の一つです。しかし、この民泊は問題点も指摘されています。以下の資料を手がかりとして、民泊の問題点を説明しなさい。
>
> 資料A　旅館業法

第三条　旅館業を経営しようとする者は、都道府県知事の許可を受けなければならない（以下省略）。

第七条　都道府県知事は、必要があると認めるときは、営業者その他の関係者から必要な報告を求め、又は当該職員に営業の施設に立ち入り、その構造設備もしくはこれに関する書類を検査させることができる。

注：この旅館業法には旅館だけでなく、ホテルも含む。

資料B

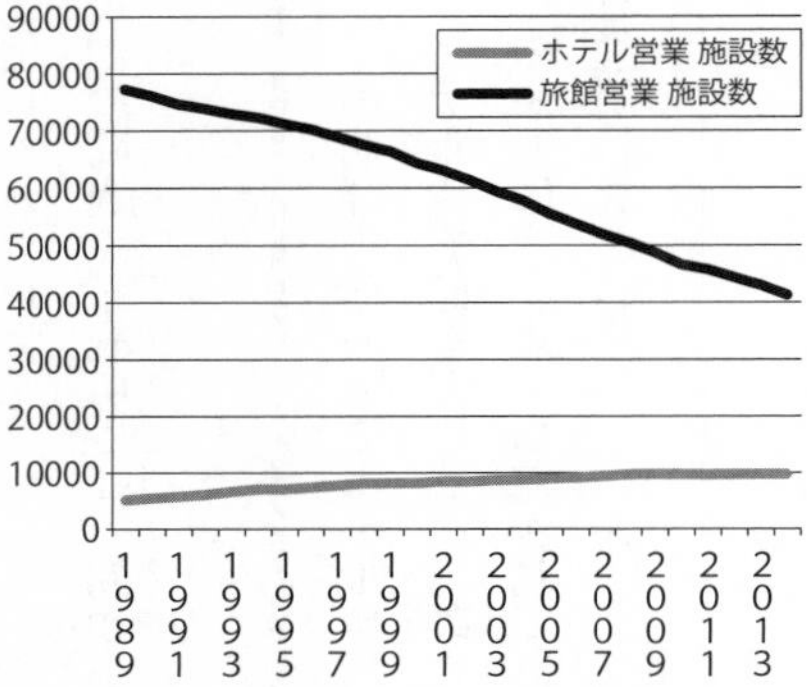

出典：平成26年度衛生行政報告例　統計表

（広尾学園）

日本の文化を知らないがためにそのマナーが守れない客がいるということは、この問題では求められていません。資料から読み取れる情報をもとに、問題点を書く必要があるのです。

資料Aから民泊には旅館業法の許可が必要ないため、構造設備もはっきりしない状態であることが読み取れます。したがって、旅館やホテルと異なり、安全面に不備がある可能性が考えられます。

資料Bから民泊がホテル・旅館業界を脅かす存在にもなることが読み取れます。ホテル施設数は横ばい、旅館施設数は激減している中、民泊がさらに普及することで大きな打撃を受けることが想定されます。

解答例：ホテルや旅館と比べて安全性に問題があることや、ホテルや旅館と競争になり、仕事を失う人が出てくる可能性があること。

この問題が出題されたのは2016年2月です。その後、2018年に民泊新法と呼ばれる法律が施行されたことでルールが明確になりました。中でも特徴的なのは「180日ルール」です。法律上、民泊として住宅施設を提供できる期間を1年間で180日までと制限しているため、あくまでも住宅を貸し出すものであり、事業としては一年中使用できないことになったのです。これは、旅館やホテル業界に配慮したものと言えるでしょう。

ここまで外国人観光客の増加に関係する問題を見てきました。かつてはそれほど出題されなかった問題が、時代の変化とともに急速に出題される割合を増やしています。日頃ニュースに触れ、現代社会の諸問題に対して感度の高い生徒を求めている学校が多くあるのです。問題集には載っていないけれど、ニュースを見たり新聞を読んだりしていれば当たり前のように出てくる話題が問題となっています。

消費税の知識

２０１９年に消費税が10%に増税されました。もともと、中学受験では税に関する問題はよく取り上げられてきました。まず所得税、法人税、消費税についての基本的な問題を見ていきましょう。

下のA～Cのグラフは、所得税・法人税・消費税

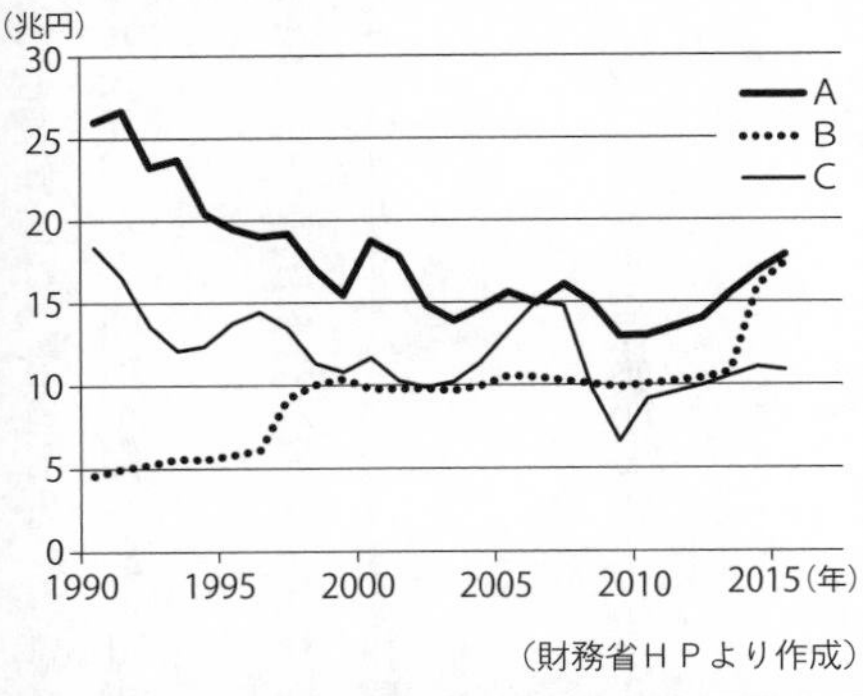

（財務省ＨＰより作成）

のいずれかの、日本の一般会計に占《し》める税収の推移を示したものです。A～Cにあたる税の組み合わせとして正しいものを、あとのア～カの中から一つ選んで、記号で答えなさい。

	所得税	法人税	消費税
ア	A	B	C
イ	A	C	B
ウ	B	A	C
エ	B	C	A
オ	C	A	B
カ	C	B	A

（洛南）

まず消費税から解いていきましょう。消費税はBです。1997年に消費税が3％から5％に上がったタイミングで、一気に税収が約6兆円から約10兆円に増えていることが分かります。そして2014年。今度は税収が約10兆円から約16兆、17兆円に増えていることが分かります。これは消費税が5％から8％に上がったタイミングです。

少し計算をしてみましょう。6兆円×$\frac{5}{3}$＝10兆円ですから、3％から5％になって税率が$\frac{5}{3}$倍になると、ちょうど税収も$\frac{5}{3}$倍になっていることが分かります。そして、10兆円×$\frac{8}{5}$＝16兆円ですから、5％から8％になって税率が$\frac{8}{5}$倍になると、ちょうど税収も$\frac{8}{5}$倍になっていることが分かります。税率が上がった分、税収もきっちり比例して増えているのです。

一方、所得税や法人税というのは景気の影響を受けるということがグラフから分かると思います。

1990年の直後となると、バブル崩壊の初期ですが、この頃Aは25兆円を超えていて、そしてCは15兆円を超えていたということになります。もちろん知識でどちらが所得税、法人税と答えられたらいいのですが、どちらが多いか知らない人も多いのではないでしょうか。そこでポイントとなるのが2009年です。リーマンショックが襲ったあたりでどちらがより減少幅が大きいかと言えば、法人税ということになります。なぜなら法人税は、会社の利益に対してかけられるものですから、会社の利益がなければほとんど税収がありません。2008年のリーマンショックで赤字の企業が多く出たことによって、税収の落ち込みが激しくなったCが法人税です。

解答はイとなります。

2015年段階では、Aの所得税そしてBの消費税は、税収額がほぼ同じです。しかし、2019年に消費税が10％に上がったことによって、今後は消費税が税収の中で最大の割合を占めていくのでしょう。

消費税が重要な財源だと説明させる問題が2015年に出題されています。

税収の中で、所得税や法人税の他に大きな割合を占めているのが消費税です。消費税は2014年4月に5%から8%になりました。今後は10%へと、さらに上がる可能性があります。消費税が今後の重要な財源のひとつとして注目されている理由について、図および税の説明と、表をふまえて、税の歳入に注目して説明しなさい。（駒場東邦）

平成26年度一般会計予算案（歳入）

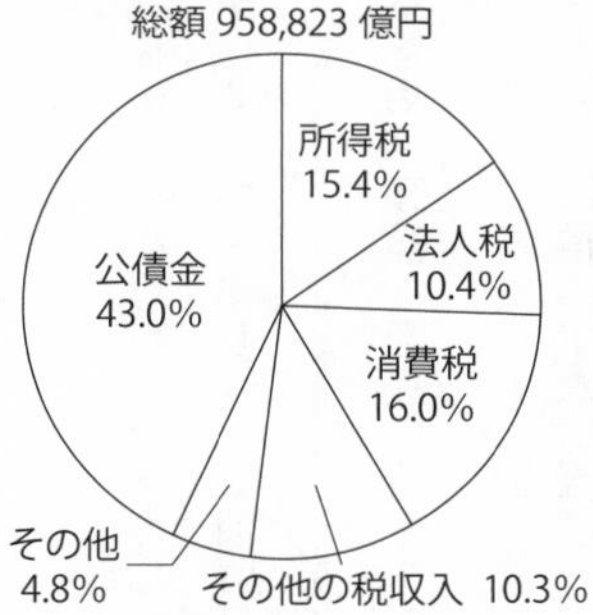

（『日本の財政関係資料』より作成）

【税の説明】
所得税：個人が得た所得にかかる。
法人税：会社が得た所得にかかる。
消費税：商品を買ったりサービスを受けたりしたときにかかる。すべての人に一律の税率。

表　将来の年齢別人口推計（予測）

	0〜14歳		15〜64歳		65歳以上	
	総数（1,000人）	割合（%）	総数（1,000人）	割合（%）	総数（1,000人）	割合（%）
2013年	16,281	12.8	78,996	62.1	31,971	25.1
2023年	13,766	11.3	71,920	58.9	36,436	29.8
2033年	11,544	10.1	65,412	57.4	37,013	32.5

（『日本の将来人口推計』より作成）

消費税は安定財源として期待されていて景気にかかわらず一定の税収が見込めます。だからこそ少子高齢化が進むにあたって、確実に入ってくる税収ということで国、特に財務省としては、この消費税の増税というものが欠かせないと考えているのでしょう。

解答例：15歳から64歳の働く世代の人口が減少し続けることが予想されており、所得税や法人税の伸びが見込めない。そこで安定した税収である消費税によって、社会保障など必要な費用をまかなうため。

まるで財務省の主張をそのまま記したような解答となりました。もちろん消費税にも欠点があります。次の問題を解きながら考えてみましょう。消費税の特徴を選ぶ問題です。

あ　誰にでも同じ税率が課されるため、高額な商品を買うことが多い所得の多い層ほど、負担感が強くなる
い　誰にでも同じ税率が課されるため、所得の少ない層ほど、負担感が強くなる
う　誰にでも同じ税率が課されるため、所得が多い少ないにかかわらず、収入に占め

る負担の比率は同じである　（桜蔭）

消費税は誰にも一律で同じ税率が課されます。そうすると収入に余裕がない人でも生活していくために一定の支出が必要であり、必ず消費税を支払うことになります。余裕のない状態で生活している人にとって増税はきつく感じます。逆に所得の多い人にとっては、増税されてもまだ生活に余裕があるため痛税感はそれほどでもないのです。むしろ、所得税に比べれば税率が一律である分、負担感は小さくなります。正解は「い」です。

税金についてはかなり細かい知識も要求されます。次は、明治大学の付属校の入試問題です。（　　）には漢字４文字が入ります。

個人の収入に対してかけられる所得税は、収入の多い人には税率を高く、収入の少ない人には税率を低くして徴収するしくみがとられている。このしくみを（　　）制度という。　（明大中野八王子）

消費税とは違って、所得税や相続税は、税率が異なります。所得税は５％から45％、相続税は10％から55％と所得額や相続額によって税率が異なるのです。答えは、累進課税です。この制度によって、所得の再分配や富の再分配、ひいては格差是正がはかられます。この所得税や相続税と比べれば、消費税が低所得者にとって負担感が強くなることが分かるでしょう。だからこそ、消費税10％に増税される際、海外では当たり前のように導入されている軽減税率が導入され、食料品や新聞は8％に据え置きとなりました。軽減税率を導入するなら食料品が対象となるのは当たり前ですが、なぜ新聞も含まれるのでしょう。これは、新聞が民主主義国家である日本にとって、ニュースや知識を得て、意思決定をするために必要だからという考え方によるのでしょう。

続いて消費税にまつわるなかなか考えさせる問題を取り上げます。2016年に発行された書籍の価格は「＋税」と書かれているのに対し、週刊誌であれば税込みの価格が書かれている、その違いについての問題です。

1996年、消費税を5％に引き上げることが閣議決定され、翌年には税率の引き上げが始まりました。【資料6】は、この時期に出版された書籍と週刊誌の価格表示の例です。【資料7】は、2016年に出版された書籍と週刊誌の価格表示の例です。

このように書籍と週刊誌では、価格の表示に違いがあります。【資料7】の書籍が税込み価格で表示されない理由を、近年の消費税をめぐる状況を踏まえて、答えなさい。その際、書籍と週刊誌の違いに着目すること。

（鷗友学園）


なぜこのような違いが起こったのでしょうか。これは2016年がヒントになります。消費税が5％から8％に上がり、また10％に上がることが決まっていましたが延期された時期です。

週刊誌というのは、毎週発行されるものですから、これは税込みで表示しても問題がありません。なぜなら1年2年と書店に置かれているということは想定さ

【資料6】1997年に発行された書籍(左)と週刊誌(右)の価格表示の例

書籍	週刊誌
定価：1260円（本体1200円）	定価：500円（本体477円）

【資料7】2016年に発行された書籍(左)と週刊誌(右)の価格表示の例

書籍	週刊誌
定価：本体1400円 ＋ 税	定価：580円 本体537円

れていないからです。
一方、書籍は違います。一度発行されたら、場合によっては長期間、書店に本が置かれます。増税の時期にまた税込みの表記を変えればいいのでしょうが、売れ残る本も少なくないでしょう。そして、消費税の税率が変わってしまうと不正確な表示になってしまいます。そこで、「本体価格＋税」と表記するということになるわけです。
消費税率が一定せず、数年単位で増税が繰り返されているため、書籍に関しては本体価格＋税という表記がされるようになったのです。

解答例：書籍は週刊誌とは異なり、長い期間販売される。消費税の増税は先送りとなったが、書籍を税込み価格で表示した場合、その後に消費税率が変更されると混乱するから。

ふるさと納税

続いては、ふるさと納税についての問題です。大阪府泉佐野市がＡｍａｚｏｎギフト券を含む高額な返礼品を用意したことで、制度から除外されるということが大きく話題として取り上げられました。

そもそもこのふるさと納税がどのような制度なのか、入試問題を解きながら紹介します。

ふるさと納税の人気が高まる一方、問題点も指摘されています。ネット上には返礼品を選べるサイトが乱立し、まるでショッピングのようになっています。ふるさとを応援する精神が失われているとの声も耳にします。また、寄付を集めるため返礼品の行き過ぎた競争が起きている点も指摘されています。

ただ、このふるさと納税制度は他にも問題点が指摘されています。以下の資料A、Bを参考に、その問題点を2点答えなさい。

資料A　東京都港区在住　ヒロオ君一家の例

ヒロオ君一家は、今話題のふるさと納税を利用しようと、ふるさと納税専用サイトを見ました。そこには返礼品のランキング表が掲載されており、たくさんの魅力的な返礼品を出している地方自治体がありました。そこで、ランキング1～3位の自治体を選択し、各10、000円、合計30、000円の寄付を行いました。すると、ふるさと納税先の自治体からお礼品が届きました。寄付後、本来、自分の住んでいる港区などに払うべきであった税金が28、000円分戻ってきて、実質的な自己負担額は2、000円でした。普通に買うと15、000円ほどする商品を2、000円で手に入れることができて、大満足です。

資料B　ふるさと納税　返礼品ランキング2017年11月

順位と商品	地域	納税額
1位　佐賀牛切り落とし1kg	佐賀県嬉野市	10、000円
2位　北海道近海産毛ガニ	北海道八雲町	10、000円
3位　特盛九州産豚切り落とし	福岡県上毛町	10、000円
4位　特選いくら醤油漬け500g	北海道森町	10、000円
5位　新潟県奥阿賀産こしひかり10kg	新潟県阿賀町	10、000円

出典：さとふるホームページ

（広尾学園）

ふるさと納税をより多く行うのは、住民税を多く払っている富裕層が多く住んでいる地域ということになります。そのため、都市部の住民の方がふるさと納税をより多く行い、結果として自治体の税収が減る傾向にあります。また、本来住民税は、自治体から行政サービスを提供される対価として支払うものだという考え方からすると、受益者負担の原則にそっていないということになります。

解答例：都市部の税収が著しく減ってしまうこと。
　　　受益者負担の原則が崩れてしまうこと。

川崎市ではホームページで住民に訴えています。

ほとんどの自治体はこの減収額の75％が地方交付税で補てんされますが、川崎市は地方交付税による補てんがありません。ふるさと納税によって流出している市税は、本来は、私たち川崎市民のために使われる貴重な財源です。このままの状態が続くと、市民の皆様に提供する行政サービスに影響が出るおそれがあります。

住民がふるさと納税をすると市の税収が減ってしまい、行政サービスにも影響が出るおそれがあるとまで書いてあります。直接的ではないにせよ、ふるさと納税をしないでほしいと訴えているように見えます。

世田谷区も区民税が大幅に減少しました。２０１８年度は減収額が約41億円となり、川崎市同様の訴えをホームページで行っています。

このまま減収額が拡大していくと…区の行政サービスに影響が出る恐れがあります!

このように都市部では税収が減ることへの危機感は相当なものであると言えます。

ここまで問題となったのは、過度な返礼品競争が原因と言えます。他の自治体より魅力的な商品を提供しないと税収が確保できないと考えた自治体は、より高額な、より返礼割合が高い商品を並べます。しまいには、ふるさとの応援とはまったく関係のないハワイのホテル宿泊券や旅行券、Ａｍａｚｏｎギフト券まで登場しました。また、インターネット上でも自治体のＰＲが激しくなり、返礼品だけを大きく取り上げて寄付を募ろうという自治体も少なくありませんでした。そこで、総務省としては以下の通達を出し、過熱する競争を抑えようとしました。

①寄付金の募集の適正な実施
②返礼品の返礼割合3割以下
③返礼品は地場産品にする

あまりにも返礼割合が高くなってしまうと本来の趣旨から外れ、単なるショッピングになってしまいかねず、また自治体の良さをアピールするわけでもなく単なる寄付集め競争となって地域の活性化につながらないと考えたからでしょう。

特にＡｍａｚｏｎギフト券というのは地域の活性化とは関係ないものですから、範囲外になるというのも当然のことです。厳格に定められていないからといって、自分たちの利益ばかりを追求すると、かえって全体にとって良くない結果となるというのは、環境問題でも言えることです。

一方、泉佐野市としては、そもそも業者を仲介することでかなりの手数料が取られている、それなら自治体で直接募集をすることによって経費を節減し、ギフト券などに置き換えるという考え方に立っています。

ふるさと納税を扱う仲介業者や広告会社が寄付金から中間マージンを多く取っていることが、泉佐野市にとっては納得いかなかったのでしょう。

このように問題点も指摘されているふるさと納税ですが、これによってもたらされたプラス面も決して無視できません。次の問題を通じて考えてみましょう。


ふるさと納税のさまざまな問題として、寄付金に対する返礼品が豪華すぎることや、金券などお金に代わるものがあることなどが挙げられます。返礼品を目当てに利用する人が増えるのではないか、という意見があるからです。

しかし、温泉地として有名な群馬県草津町は、返礼品として「感謝券」を贈っています。これは、町内の旅館やホテル、飲食店でお金と同じように使うことができます。

草津町がこのような返礼品を贈ることを支持する立場に立ち、支持する理由を答えなさい。

(鷗友学園)


草津町が町内の旅館やホテル、飲食店で使える感謝券を送ることを支持する立場に立ち理由を答えなさいという問題です。

金券ではありますが、Ａｍａｚｏｎギフト券とは根本的に異なる点があります。それは草津町限定で使用できるものだからです。

つまりその返礼品を使うためには、旅行をして群馬県草津町を訪れる必要があります。草津温泉までわざわざ足を延ばすということになります。もちろんこの感謝券を使って旅館に泊まることもできますし、その過程でたとえばほかに飲食店でお金を使うかもしれないし、土産品を買うかもしれません。ということは、この感謝券がきっかけとなり、草津温泉を訪れる人が増えることになります。感謝券以外でもお金を使ってくれるでしょうし、今まで足を運ばなかった人が訪れるきっかけになるかもしれません。このように、地域の活性化につながる可能性があるのです。

このように地域の活性化につながる点を書けばいいでしょう。

解答例：金券であってもその地域だけで使えるものなので、観光客が来て、その地域のためになるものだから。

この草津町の感謝券、実は私もふるさと納税で寄付をして受け取ったことがあるのですが、以前は返礼率が5割と極めて高いものでした。総務省の通達があった後、今ではさすがに3割程度の感謝券に変わったそうです。

ここまで、税についての問題を見てきました。現代社会で起こっている諸問題、新たにできた制度を使った問題が中学入試で出題されています。単なる詰め込みではなく、幅広い教養が求められていることを感じていただけるのではないでしょうか。

お金と経営戦略

ここからはお金をテーマにした問題を紹介します。まずは面白かった問題です。私の塾の生徒はほぼ全員正解できました。

次のグラフは、東京都中央卸売市場における２０１６年のいちごの月別の市場価格を表したものです。旬である春以外の価格は高いですが、特に12月に最も価格が高くなっています。その理由について説明した、以下の文章の空らんに適する語句を、5字で答えなさい。
この時期は［　　　　　］ケーキの製造のために需要が高まるから。
（渋谷教育学園渋谷）

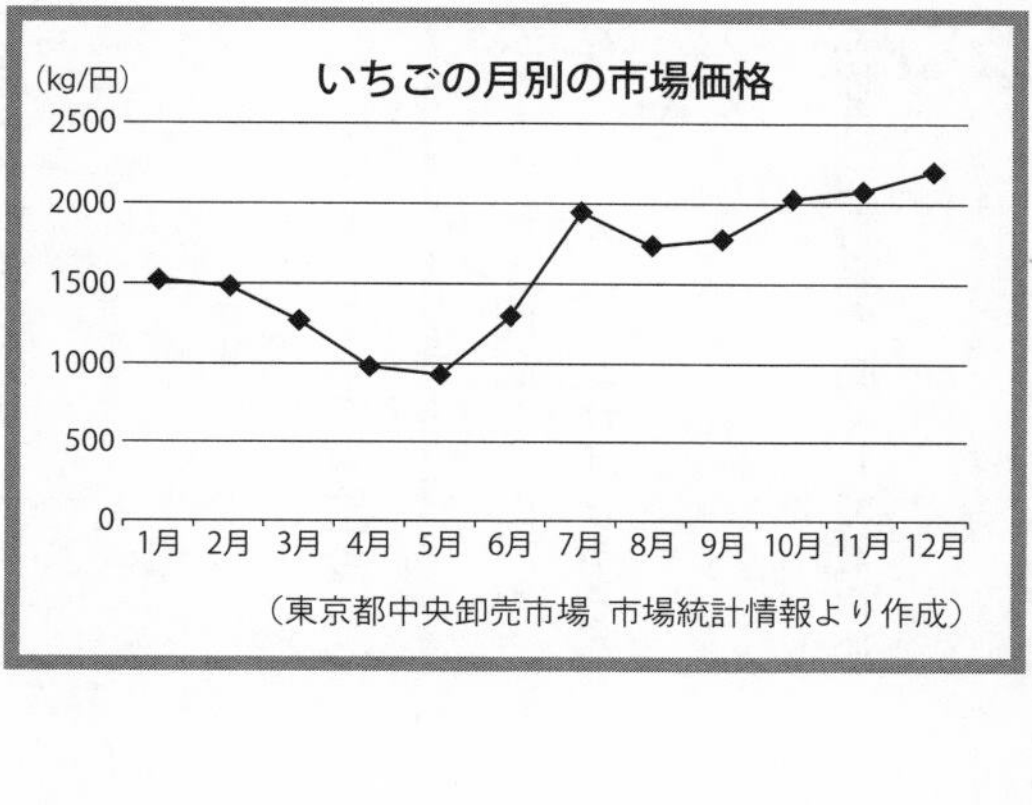

（東京都中央卸売市場 市場統計情報より作成）

なぜいちごの値段が12月に最も高くなるのでしょうか。もちろんいちごのシーズンが5月頃だから5月は安くなり、その反対の冬には値段が高くなるという点はあるでしょう。

ただ今回は12月の理由であり、しかも「［　　　　　］ケーキの製造」と書いていることがヒントになります。いちごを使うイベントで、ケーキに関係するもの。

正解はクリスマスです。

本来はイエス・キリストの誕生を祝うクリスマスですが、現代の日本では本来の趣旨は考えずに楽しんでいるようです。いちごのケーキが多く売られ、メリークリスマス！　とお祝いをするので、いちごの需要が高まって値段も高騰しているのです。
続いて学習院女子では次のような問題が出されています。

ホテルの宿泊料金について、土曜日の宿泊料金が、ほかの曜日の宿泊料金よりも高くなっている理由を説明しなさい。
▼ホテルの宿泊料金（1泊2食付き、1名料金）
・日曜日〜金曜日の宿泊料金：9、800円
・土曜日の宿泊料金：11、800円
（学習院女子）

この問題は、ホテルの料金が土曜日になるとなぜ高くなるのかという問題ですが、視点はまったく同じです。需要が高くなる時に値段は高くなるのです。大人であれば分かることを、小学生が考えられるかどうかが試されています。

解答例：土日が休日である人が多いため、需要が高まる土曜日に料金を高くしても宿泊する人は多く、利益を上げやすいから。

ホテル側は利益を最大化するために、工夫をしています。小学生に対してもこのような大人の視点を求める問題が出題されているわけです。

続いても、会社の利益を考えるという大人の視点を求める問題です。

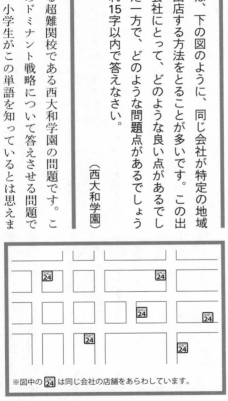

コンビニでは、下の図のように、同じ会社が特定の地域に集中して出店する方法をとることが多いです。この出店方法は、会社にとって、どのような良い点があるでしょうか。また一方で、どのような問題点があるでしょうか。それぞれ15字以内で答えなさい。

（西大和学園）

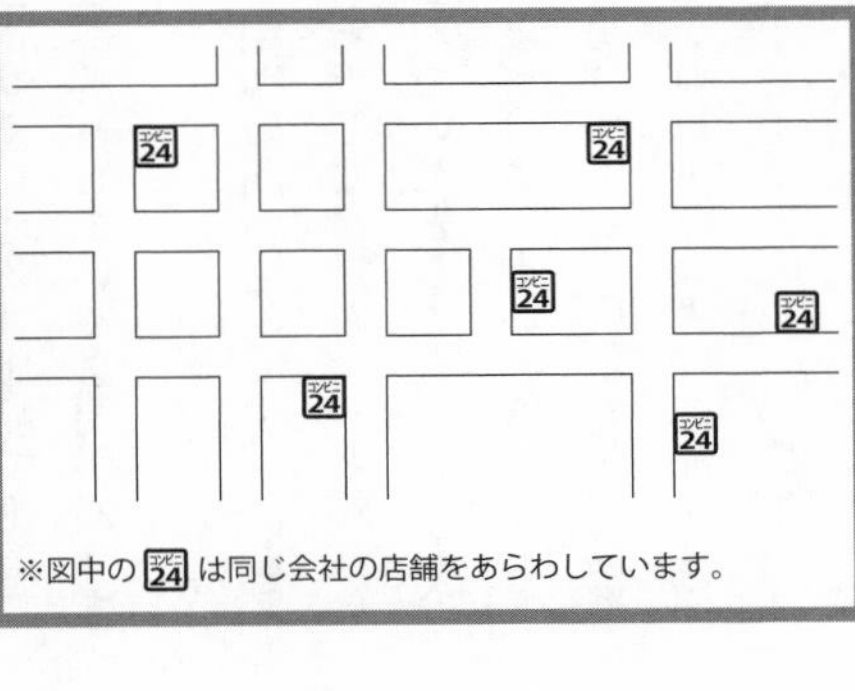

※図中の コンビニ24 は同じ会社の店舗をあらわしています。

奈良県にある超難関校である西大和学園の問題です。これはコンビニのドミナント戦略について答えさせる問題です。もちろん、小学生がこの単語を知っているとは思えませんし、ましてや「特定地域に出店を集中させて商圏内を独占状態にする」戦略であることも知らないでしょう。初めて出あった状況に対して、何とか解答していく必要があります。

会社にとってどのような良い点があるかといえば、ずばり顧客の囲い込みです。たとえば、お惣菜やコーヒーをいつもセブン‐イレブンで買っているとします。ちょっと離れたところに行って、そこにセブン‐イレブンと他の競合店が並んでいたとしても、いつもの方を利用しようという意識が働くものです。地域内での認知度が高まるという答え方でもよいでしょう。あるいは、配送が効率化されるということもありますし、広告宣伝を効率よくできるということもあるでしょう。近くに店が集中していればトラックで商品を運ぶ際にも時間的ロスが少なくて済みますし、同一地域に折込チラシを入れたら、多店舗にまたがるので効率的です。

一方、問題点もあります。過当競争になったり、いわゆるカニバリゼーションが起こりやすくなります。簡単に言うと、顧客の奪い合いが起こりやすくなるということです。

もちろんコンビニチェーンはそのデメリットも分かった上で、顧客の囲い込みを優先して同じ地域にたくさん出店するという戦略を取っているわけです。

小学生にコンビニ戦略まで考えさせる時代になっています。

解答例：良い点　効率的に配送できる点。（11字）
　　　　　　　　認知度を上げ客を独占できる点。（15字）
　　　　問題点　客の奪い合いになる点。（11字）

小学生に求めるのは酷ですが、問題点としては災害時や悪評が広まった時に、大きな打撃を受けるという点もあるでしょう。

なお、近年話題になっている、コンビニオーナーの長時間労働の問題は、単に24時間営業だけが理由ではありません。このドミナント戦略により、前から営業しているオーナーにとって負荷がかかりやすくなります。同じフランチャイズの店ができるだけでなく、ドミナント戦略に対抗する別のコンビニチェーンが出店することも多くなり、店単体の採算は悪化しやすくなっていると考えられています。

続いては電子マネーの問題です。

電子マネーを利用することで得られる企業にとってのメリットのうち、店の売上の増加に直接に影響するとは限らないものもあります。それについて述べた次の文の［　あ　］にあてはまるもっとも適切な語句を漢字2字で答えなさい。

電子マネーを利用した顧客の［　あ　］を集積し、商品開発などに役立てる。（浅野）

この浅野中の問題は、まさに現代社会を反映した問題と言えます。電子マネーを利用した顧客の何を集積しようとしているのでしょうか。

正解は、情報です。

Tポイントカードはお持ちですか？　とよくいろんなお店で質問されていたものです。Tポイントがついて、それが何か買い物するときに利用できるというものです。無料で作れるポイントカードに、さまざまな場所で利用することでポイントが加算されていきます。1店舗であれば顧客の囲い込みも大きな理由になりそうですが、どこでも利用できるようになっていく中で、Tポイントカードを運営する側にはどのようなメリットがあるのか。それは顧客情報を得ることができるということです。集められた情報をビッグデータとして活用して、商品開発に役立てたり、あるいは個人が特定できない範囲で加工した情報が別の業者に売られるといったようなことが行われているのです。

今ではこれがポイントカードから、電子マネーに切り替わってきています。たとえばPayPayとかメルペイとか電子決済のツールがたくさん出てきましたが、これは単純に決済を代わりに行うということだけではありません。それによって顧客の情報を手に入れることができるというメリットがあり、他の企業に対して優位に立つ材料になるということなのです。

このように、大人であれば知っていても、小学生では知らないようなこと、しかしなんとなく日常的に利用しているものが入試に出されています。

では、お金に関してもう一題紹介します。何でも利益を追求することは本当に正しいのだろうか、別の道も考えられるのではないかという観点から出題された問題です。

利益を公平に分かち合うためには、日本で生活する私たちがチョコレートや衣料品な

どの商品を購入するときにどのようなことを考えて選べばよいか、述べなさい。（女子学院）

フェアトレードという言葉を知っていますか。スーパーでも少しずつフェアトレード製品を見る機会が多くなってきましたが、まだ社会に広く認知されている言葉とは言えないようです。何となく言葉自体は知っていても、それが発展途上国の子どもの教育と関係していることまでは、知られていないように思います。

フェアトレードはそのまま訳すと「公平・公正な貿易」ですが、これではその目的が見えてきません。発展途上国の原料や製品を、適正な価格で継続的に購入することにより、立場の弱い発展途上国の生産者や、労働者の生活改善と自立を目指すことをフェアトレードと言っているのです。

では、なぜそれが子どもの教育と関係しているのでしょうか。順を追って説明していきます。

チョコレートやコーヒーが驚くほど安い値段で売られていることがあります。企業としては売り上げ、ひいては利益をあげるため、できるだけ低い価格に設定して競争力を持たせようとします。しかし、低い価格に設定しても利益を出すためには、コストを限界まで下げる必要が生じます。そこで、立場の弱い発展途上国の生産者に十分な報酬を与えず、安い価格で原料を買い叩くことが日常的に行われているのです。貧しい国であれば子どもも労働力として使わざるを得ません。教育を受けさせる余裕もないのです。

また、生産性を高めるため農薬が多く使われることになりますが、それは生産する人の健康にも悪影響をおよぼす可能性があります。生産者の労働環境や生活水準を守ることが必要であり、それは長い目で見れば、良質な製品を作ることにもつながると考えられているのです。

解答例：チョコレートや衣料品の原料などを生産する人たちの労働環境や生活水準を守るため、フェアトレードの商品を選ぶこと。

フェアトレードという単語を入れなくても内容が合っていれば正解となったでしょう。ただ、受験の記述においては、あるキーワードが入っていれば正解とするとか3点を与えるといったような採点基準が決められていることが多いので、私は中学受験生に向けて

「学校で習う単語や、ニュースでよく耳にするような単語を入れられるときには入れて文章を作るように」と指導しています。この問題はフェアトレードという単語を入れた方が、正解になりやすいでしょう。

国際フェアトレード認証ラベルは、フェアトレードの基準を満たした商品に貼られています。日常生活でわざわざフェアトレードの製品を買う余裕はないかもしれません。普段から利用しているスーパーの品であれば一定の安心感があり、その中でもできるだけ安い製品を買おうとするものです。それでも、キリスト教精神を基盤とする学校である女子学院としては、このような不公平、不公正な状況に目を向けられる子を求めており、今回のような出題をしたのだと考えますし、これからもさらにこのテーマは多くの学校で出題されていくでしょう。

民間企業などでは、仕事をする上で利益を追求するのは当然のことです。教科書で、促成栽培や近郊農業、高原野菜などが出てくるのも、日本が狭く耕地面積も少ない中で、いかに生産性を高めているのかという工夫を学ぶためです。一方、利益追求が起こすひずみを認識し、それを是正することも必要です。小学生にも、多角的な視野を持って中学校に上がってほしい、一面的なものの見方をしないでほしいという意図を入試問題から感じます。

メディアと表現の自由

企業の広告宣伝に関連して次のような問題が出されています。

［図16］と［図17］は、テレビ・インターネット・新聞・雑誌・ラジオにおける広告費について示したものです。［図16］は２０１６年におけるそれぞれの広告費の比率をしめしたものであり、［図17］は２０１５年と２０１６年について、それぞれ前年に対する広告費の伸び率を示したものです。このうち、テレビを示すもの

［図16］広告費の比率（2016年）

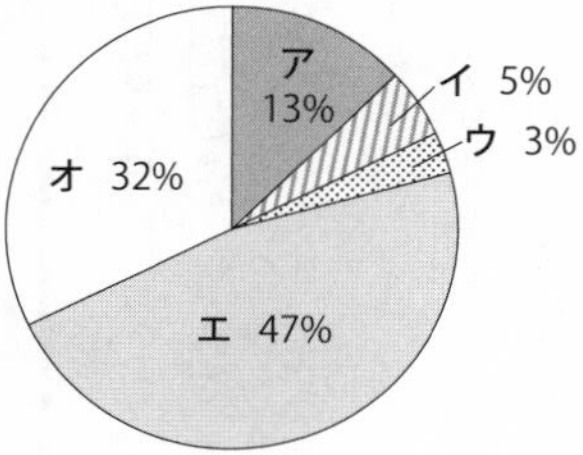

［図17］広告費の前年に対する伸び率

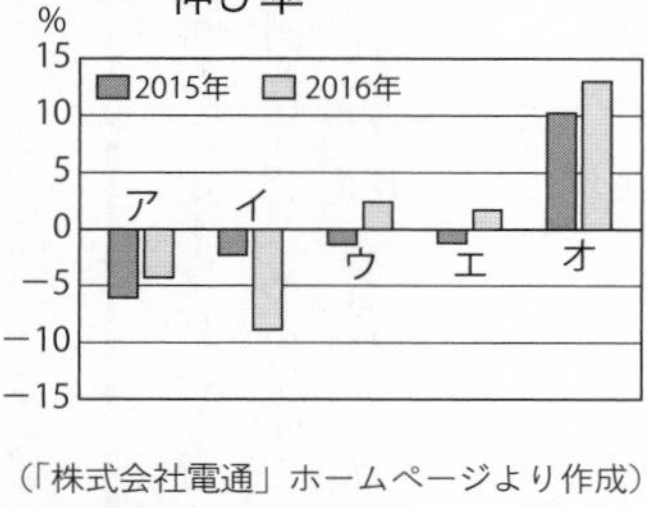

（「株式会社電通」ホームページより作成）

を次のア〜オの中から1つ選び、記号で答えなさい。　（浅野）

テレビを示すものを答えるという問題です。当然、テレビの広告費の比率は高いと考えられます。いくらネット広告が普及したとは言っても、まだ一定の存在感はあるはずですし、他の新聞、雑誌、ラジオよりは多いはずです。エかオのいずれかだろうと考えられます。

図17の、広告費の前年に対する伸び率を見ましょう。エは横ばいなのに対してオが急激に伸びています。したがって、オがインターネット、エがテレビとなります。

インターネットの広告は年率10％以上の割合で拡大しています。今では当たり前に見るようになりましたし、数年以内には比率は逆転することになるでしょう。

ネット広告の強みは、より個々に合わせた広告を表示させることができるという点にあります。もちろんテレビにしても、「ドラえもん」や「クレヨンしんちゃん」が放映される時間には、子どもの玩具などターゲットを意識した広告が流れるものです。スポンサー（広告主）である企業も、より効果的な広告のため、どの番組にお金を出すかは考えます。

しかしネットであれば、たとえばリスティング広告と言って、自分の検索したキーワードに連動した広告が表示されるものがあります。明らかに個人の興味関心に沿ったものが表示されるので、訴求力が高まります。また、テレビと比べて低価格から始められる点や、出稿するまで短時間でできる点も魅力でしょう。

さて、それでは衰退が激しいア、イは何でしょうか。これは紙媒体だろうと推測されます。その中での広告費が多いアが新聞、イが雑誌と考えられます。

新聞の広告は毎年マイナス5％程度と減少の一途をたどっています。これは新聞を読む人が減ってきているという理由から説明がつくでしょう。雑誌についても、毎年マイナス10％近くと激減しています。やはり雑誌でも本でもなく、インターネット上で情報を手に入れるようになった変化が影響してると言えます。

続いて、広告が新聞記事の内容に影響を与えるという骨太の問題です。第2章でも取り上げた麻布中で出題されました。

現在の新聞の紙面の約4割は広告です。新聞社の収入は、読者の購読料だけでは不十分なので、広告料にもたよっているのです。このことが新聞記事の内容に影響を与える可能性があります。

傍線部について、新聞社が広告料にたよることが、なぜ新聞記事の内容に影響を与える可能性があるのでしょうか、説明しなさい。（麻布）

新聞社が広告料に頼ることによって、広告主に対して都合の悪い記事は書きにくくなってしまうという問題点があります。
たとえばある会社が不祥事を起こしたとして、その会社がいつも多額の広告宣伝費を出してくれていたと仮定します。もちろん報道機関ですから報道はするでしょうが、その扱いが小さくなったり、遠慮がちに記事を書いてしまうという可能性がありえます。
このように広告料に頼ることによって記事の内容に影響を与える可能性がある、その問題点を麻布は指摘しているわけです。

解答例：お金を支払ってくれる広告主に対して、批判的な記事を書きにくくなるから。

テレビや新聞といったメディアには特定のスポンサー（広告主）がついています。だからこそ、報道できることに制限がかかりやすくなり、真実をはっきりと伝えにくかったり、あるいは面白さを追求できなかったりして、ネットメディアやネットコンテンツに地位を脅かされているとも言えるでしょう。

続いて表現の自由についての問題です。

表現の自由に関連してのべた文として正しいものを、つぎのアからオまでの中から二つ選び、その記号を書きなさい。

ア　表現の自由は健全な民主主義のために欠かせないものであることから、重要な基本的人権とされる。

イ　多数者の常識からみて好ましくない考え方を表明している場合、表現の自由による権利保障は受けられない。

ウ　他人の名誉やプライバシーをおかす可能性がある表現については、憲法上の規定がないため裁判で争えない。

エ　インターネット上のサイトに記した表現については、内容にかかわらず法的に規制されない。

オ　ヘイトスピーチと呼ばれる差別表現・憎悪表現について、日本ではその解消に

向けた対策法が設けられている。（筑波大附属駒場）

ア　憲法第21条に書かれている、国民の重要な基本的人権の一つです。条文には「集会、結社及び言論、出版その他一切の表現の自由は、これを保障する」とあり、検閲は禁止されています。もちろん、表現の自由は無条件に何でも認められるというものでもありません。基本的人権は、公共の福祉に反しない限り認められるとされています。明らかに他人のプライバシーを侵害するものや、他人の利益や権利を侵すものについては規制の対象となるでしょう。また、芸術作品についてはどこまでが表現の自由と言えるのかで、意見が分かれることもあります。

イ　多数者の常識から見て好ましくない考え方だったとしても、少数者も表現の自由による権利保障は受けられます。公共の福祉に反しない限り権利は尊重されるものです。

ウ　他人の名誉やプライバシーを犯す可能性がある表現については裁判で争われます。名誉毀損で訴えられることもあるということは小学生でも持っている知識でしょう。

エ　インターネット上のサイトに記された表現についても法的に規制されます。他人を傷つけるものや、事実と異なる情報を悪意を持って広めれば、法律で規制される可能性があるということです。

オ　ヘイトスピーチ対策法ができています。よって正解はア、オとなります。

さて、この問題を取り上げたのは、近年の中学入試でヘイトスピーチについても出題されているからです。では、ヘイトスピーチとは具体的に何を指すのでしょうか。何となく悪いことであり、ひどいことを言っているとは分かると思いますが、正確に説明できる生徒はほとんどいません。日本に居住している外国籍の人やその子孫に対する差別意識を助長し、地域社会から排除しようとする言動のことを言います。

ヘイトスピーチに関する問題は麻布中をはじめ多くの学校で出題されています。中学受験という競争社会の中で勝ち上がろうとしている少年少女は、時に排他的になりがちですし、他者に対して優越感を持ちたがることもあるでしょう。差別意識や排外思想を持つことなく、意見を異にする他者とも協調できる子に入学してほしいという学校の意図が感じられます。

高齢運転者による事故

中学受験の問題は「現代社会を映す鏡」です。入試問題を通じて、現代のさまざまな問題を学ぶことができます。次は、高齢運転者による事故についての問題です。メディアでも多く報道されていますが、運転操作ミスによって尊い命が失われています。高齢運転者に免許の自主返納を促す対策についても資料4に書かれていますが、ただセンセーショナルに高齢者の非だけを主張するのではなく、「高齢運転者をとりまく困難な状況」に触れる必要があります。

自動運転車の登場は、多くの高齢運転者にとっても大きな利点があると期待されています。その利点の内容について、次の《資料2》・《資料3》・《資料4》から130字以内で説明しなさい。そのさい、高齢運転者をとりまく困難な状況にふれること。

《資料2》自動車事故の主な原因

安全不確認、わき見運転、注意力散漫、運転操作ミス、信号無視、速度違反など

（「警察庁交通局統計」平成26年を整理して作成）

《資料３》高齢運転者の交通事故に関する新聞記事

①

免許保有者数10万人で見た（75歳以上の）1月～7月の死亡事故件数は30代など他の世代より高水準の実態に変化はない。

（２０１７年9月12日「東京新聞」の記事を整理して掲載）

②

病院の正面玄関付近に乗用車が突っ込み、女性1人死亡。2人がケガ。84歳の運転手がブレーキとアクセルを踏み間違え、急発進か。

（２０１６年11月11日「産経新聞デジタル」の表を整理して一部を掲載）

《資料４》高齢運転者の免許返納に関する新聞記事

①

高齢ドライバーによる交通事故が全国で相次ぐ中、高齢者に運転免許証の自主返納を促す対策が広がっている。

（２０１７年8月26日「京都新聞」の記事を整理して掲載）

②

（75歳以上の高齢運転者の２０１７年）1～7月の運転免許証の自主返納は、14万件を超えた…

（２０１７年9月12日「共同通信社47ニュース」の一部を掲載）

（海城）

それでは解説していきましょう。資料2から、安全不確認やアクセルとブレーキを間違えるなどの操作ミスによって、自動車事故が起きていることが分かります。資料3から、高齢運転手の方が死亡事故の水準が高くなっていること、資料4から事故を防ぐためにも免許の自主返納が求められていることを読み取ることができます。このような状況であるから、自動運転車によって、高齢運転者の事故を減らすことが期待できる。ここまでは誰でも書くことができるのではないでしょうか。

あとは、「高齢運転者をとりまく困難な状況」に触れることです。なぜ、高齢者が運転をしなければならないのかを考える必要があります。

世帯当たりの自動車保有台数は地方ほど多くなっていることは、第2章（111ページ）で取り上げました。公共交通機関が発達していない地方では、日常生活に車が欠かせません。特にイオンなどのショッピングモールが席巻し、旧来の商店街が衰退している中では、自動車なしでの生活は難しいのです。

地方特有の問題でもありません。たとえば、多摩ニュータウンでは急速な高齢化が進んでいます。１９８０年頃、都心部の地価上昇に伴って、郊外に多くの住宅地が形成されるドーナツ化現象が起こりました。まるでドーナツのように、中心部から少し離れたところに多くの人が住むようになったのです。しかしそれから数十年が経ち、マンションや家を購入した世代は高齢者となりました。そして、多摩ニュータウンは起伏が激しい場所でもあります。バスなど公共交通機関が発達しているとは言え、家からバス停まできつい坂を歩かねばならず日常生活に車がないと不便なのです。

このような高齢者を取り巻く状況を踏まえてほしい、ただ資料を読み取って文章をつなげるだけではなく、社会で実際に起こっている問題に対して想像力を働かせてほしいという学校側の意図を読み取ることができます。

解答例：高齢運転者は運転操作ミスが多く、死亡事故の割合は若者よりも多い。免許の自主返納が促されているが、公共交通機関が発達していない地域や起伏が激しい土地に住んでいる高齢者にとって、自動車は生活に欠かせない。自動運転車によって高齢運転者も生活の足を確保できる。（126字）

自然災害

では、この章の最後に自然災害に関する問題を取り上げます。まず、都市部特有の問題です。

都市部で短時間に大量の雨が降ると、河川の水があふれたり、道路が冠水するなどの被害が農村部に比べて起こりやすいと言われます。都市部の地表が主にどんな素材におおわれているかに触れて、都市型水害が起こる理由を1行で説明しなさい。

（吉祥女子）

大都市特有の都市型水害は深刻化しています。都市部の地表はアスファルトやコンクリートでおおわれています。保水機能の低下によって雨水の行き場がなくなり、内水氾濫も起きやすくなります。

解答例：地表がアスファルトやコンクリートでおおわれ、雨水が吸収されにくいから。

地表がアスファルトでおおわれていることによる影響は、それだけではありません。草地や水田が多い地域とは異なり、保水力が低く、地表面から大気へ与える熱が多くなることで、気温が上昇しやすくなります。最高気温が35度以上の日を猛暑日と言いますが、そもそも昔はこういう言葉を聞かなかったのではないでしょうか。というのも、猛暑日という言葉は２００７年に気象庁が用語の改正を行ったことで定義された言葉です。那覇ではまず猛暑日になることはないのに、東京だと頻繁になります。なぜ都心部ではうだるような暑さが続くのか、ヒートアイランド現象について何となくは知っているがはっきりと理由は説明できない、という人もいるでしょう。

ヒートアイランドとは「都市の中心部の気温が、周辺地域に比べて目立って高くなること」です。アスファルトやコンクリートの増加が大きく影響しています。暖まりやすく冷えにくいため熱を大気中に出し、気温上昇をもたらします。日中だけではありません。昼に吸収した熱を夜放出するので、夜間の気温上昇にもつながります。ヒートアイランドは何も昼に限った話ではないことは、熱帯夜が続く都市部に住んでいる人であれば実感できるのではないでしょうか。

ほかにも人工的に排出される熱の増加もあるでしょう。人口が集中する地域ではさまざまな活動で熱を出す量が増えます。中でもエアコンの利用による熱の放出などが大きいと考えられます。

もともと、海から離れている盆地では、海風の影響を受けにくいため、昼に気温が上がりやすく夜に気温が下がりやすい。だから、山梨県の甲府盆地では40度を超えるような気温になることもありますし、かつて40・8度が日本の最高気温だったとき、その気温は盆地が広がる山形市で観測されたものでした。

しかし、今では都市化の影響で都心部でも40度を超えることがあります。

このヒートアイランド現象は、局地的に短時間で多くの雨が降るゲリラ豪雨の原因にもなると言われています。地表近くの暖かい空気が上昇気流となり、積乱雲を発生させると考えられています。

大雨による洪水、河川の氾濫による被害も毎年起こっています。地震や津波だけが大災害をもたらすわけではないことは、2018年の西日本豪雨、2019年の台風19号による河川の氾濫でも明らかです。そこで、ハザードマップを確認する重要性が高まっています。

2016年の地震により多くの被害を受けた熊本市では、現在、さまざまな災害対策がとられています。次のA～Cの地図は、地図あをもとにつくられた、熊本市西部における洪水・津波・土砂災害のいずれかのハザードマップで、災害がおこりやすいところを黒色で示しています。A〜Cと災害の種類との組み合わせとして正しいものを、あとのア〜カの中から1つ選んで、記号で答えなさい。

（洛南）

	洪水	津波	土砂災害
ア	A	B	C
イ	A	C	B
ウ	B	A	C
エ	B	C	A
オ	C	A	B
カ	C	B	A

地図あ

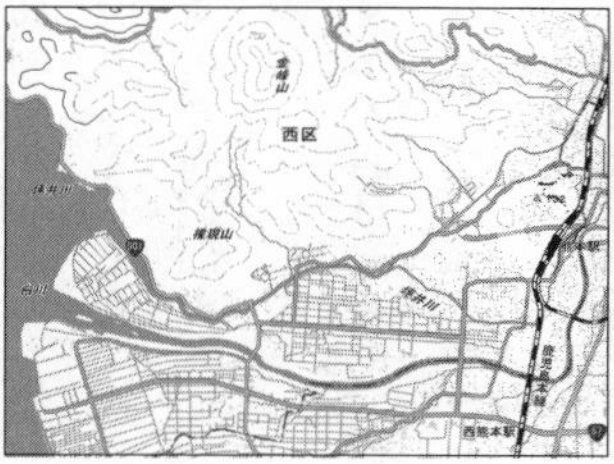

A

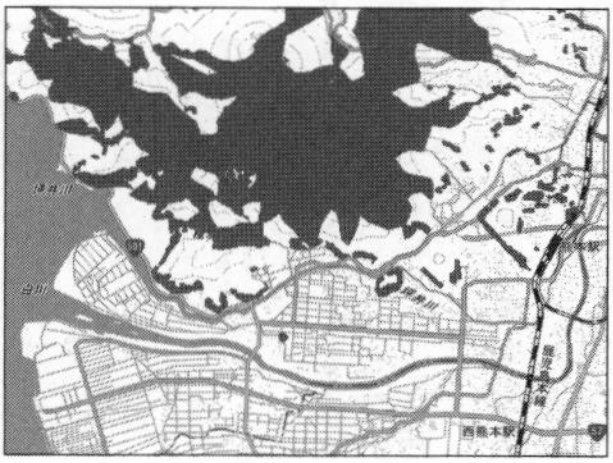

B

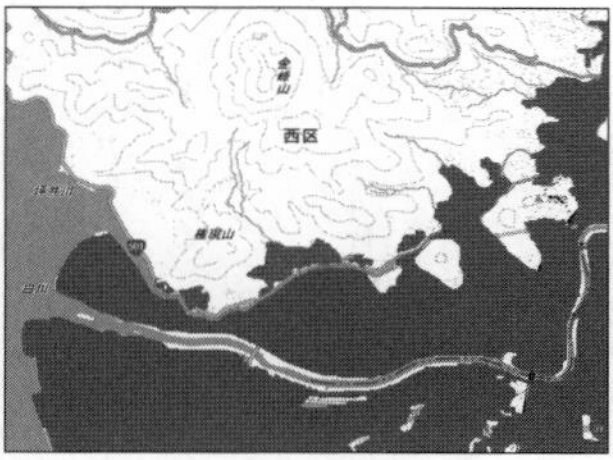

C

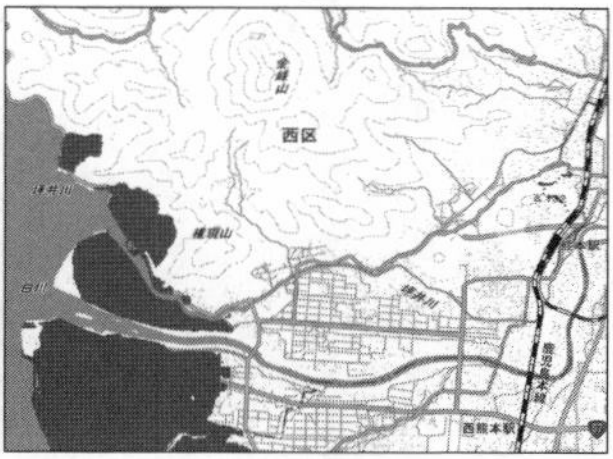

（国土交通省ＨＰより作成）

それでは解いていきましょう。Aは地図の北部にある山の周辺に色が塗られていますので、土砂災害と分かります。BとCは間違ってしまう生徒も少なからずいました。Cが海沿いに限定されているのに対し、Bは河川の周辺部に広がっています。つまり、Cは津波、Bは洪水なので、正解はエです。

ハザードマップの重要性は、2018年の西日本豪雨で被害を受けた岡山県倉敷市真備町の実際の浸水域と予想浸水域がほぼ重なっていたことからも認識されるようになりました。2019年も台風19号による河川の氾濫によって多くの犠牲者を出しました。「災害大国」である日本に住む以上、備えは必要です。予想される事態への対策をとることで、被害を最小限にとどめることができます。

では、次の問題です。

> 下の地形図（国土地理院発行2万5千分の1地形図「水原《すいばら》」の一部）中の1～4の地点のうち、河川の水が堤防《ていぼう》を越えた際に、被害が最も少ないと考えられる場所はどこですか、番号で答えなさい。

（豊島岡）

２０１９年の台風19号でも氾濫した阿賀野川が取り上げられています。河川の水が堤防を越えた際、被害が少ないのはどこでしょうか。

河川から離れている場所ということで安易に４を選んでしまうと不正解です。なぜでしょうか。それは、「十二」と書かれたあたりに水路のようなものが見られるからです。これは、阿賀野川が東へ大きく蛇行していた部分が残されてできた三日月湖です。十二潟という名前なのですが、かつては阿賀野川の本流でした。ということは、増水した際には十二潟の付近に水が押し寄せる可能性は十分にあるわけです。そう考えると、３も被害を受けやすそうですが、正解は３です。

納得いかない人もいるでしょう。おそらく出題した学校としては、１、２、４は水田だから低地で、３は住宅地や神社

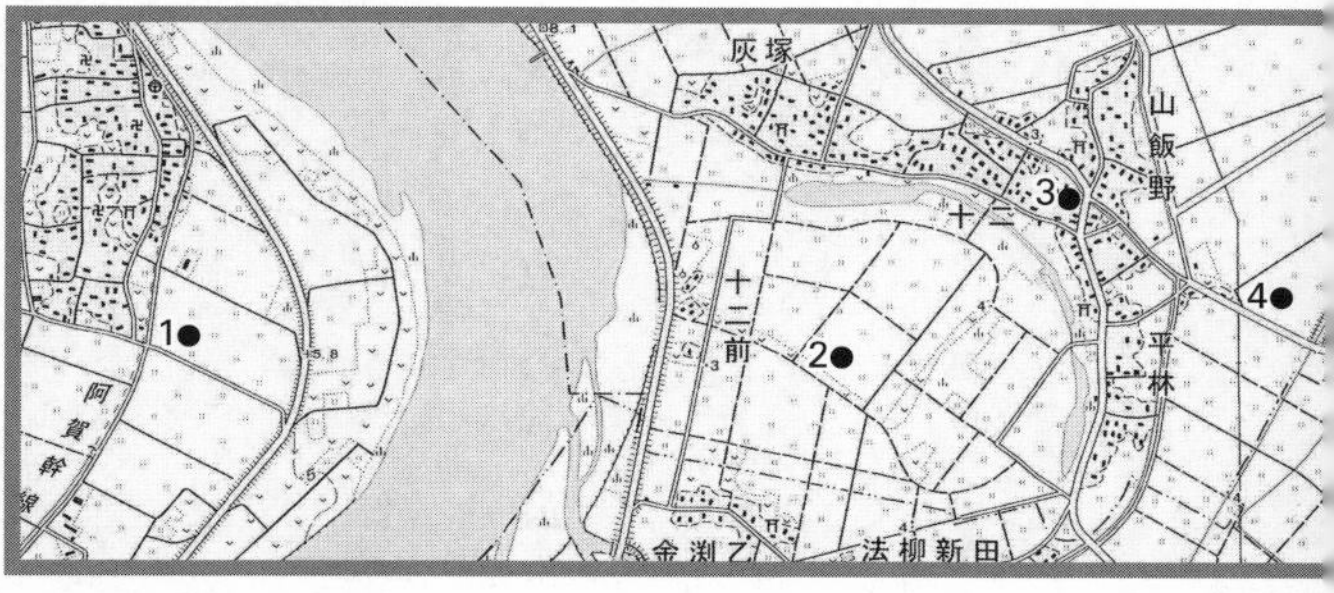

があるから小高くなっているという対比で解くことができると想定していたと思います。たとえば、輪中《わじゅう》が見られる濃尾平野は木曽三川が集まり、かつては洪水の被害を多く受けていました。そこで、現在では家や避難所は少しでも標高が高いところに置かれています。そのことを小学生は学んでいるので、その知識を使って、住宅が集まっている場所だから被害を受けにくいはずだと解くことができます。確かに三日月湖の周囲には、かつて流路だったころの自然堤防が残されていることが多く、そのため、その後方に位置する地点3は被害を受けにくいのです。ただ、新潟市のハザードマップを見ると、地点2の想定最大規模の浸水深は0・5メートル未満。3付近は0・5メートル未満の場所もあれば0・5〜3メートルの場所もあります。学校の解答は3ですが、2と答えることもできそうです。

いかに防災対策を進めても、完全に被害を防ぐことはできません。日本は、台風による河川の氾濫、浸水、土砂崩れや、地震、津波、火山の噴火などさまざまな災害が毎年のように起こります。自然は人間の想像を超えるものであり、すべて管理できるものでもありません。そこで、減災の考え方が重要になります。

この章の最後の問題は慶應普通部の問題です。

「津波に強い町」に向けた取り組みとして、左の地図2・3を比べて読み取れることを一つ書きなさい。

（慶應普通部）

地図2

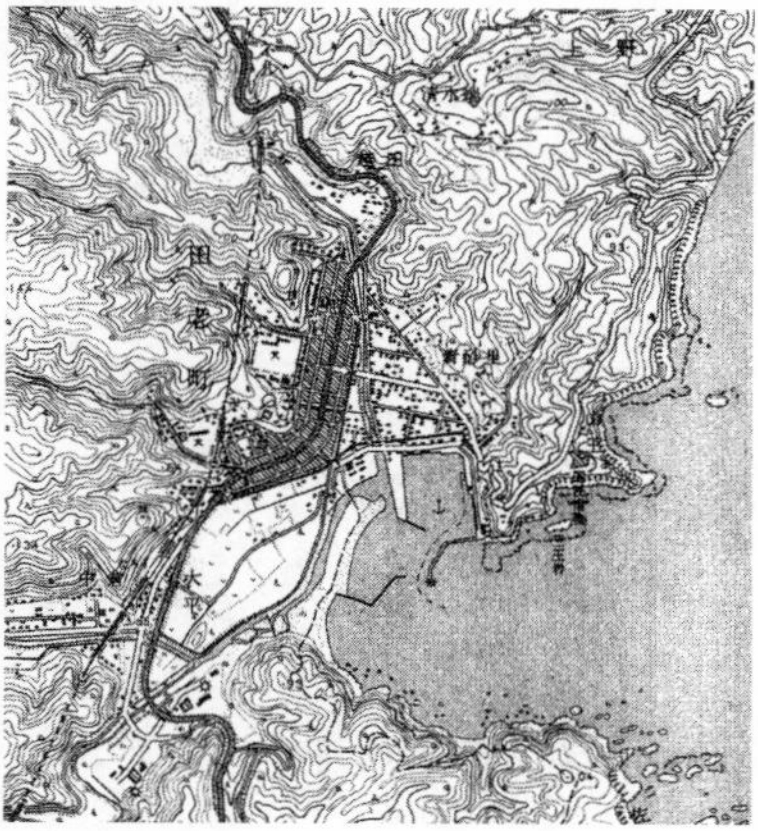

地図3

東日本大震災後、復興を進めるにあたって市街地のかさ上げが行われました。また、沿

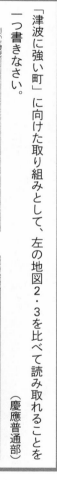

岸部から離れた場所に住宅団地を造成し、公共設備等も整備されることになりました。強固な堤防などで津波の被害を防ぐという防災だけでは、想定外の自然災害が起こった際により甚大な被害へとつながってしまいます。そこで、被害を完全に封じるのではなく、その最小化を主眼とする減災の視点で復興が進められています。

この問題は、地図2と地図3を見比べて考えていく必要があります。地図2を見ると、色が濃く表されている市街地は漁港の北西部にありますが、地図3ではその市街地が見られません。津波の被害によって市街地が消失していることが分かります。地図3の北東部には住宅地があることが読み取れます。細かい道路があるところです。

解答例：住宅地を沿岸部から高台へと移した。

地図から読み取ることは難しいかもしれませんが、高台へ逃げることができる避難道路を広くとる取り組みもすすめられています。

中学入試問題は、「現代社会を映しだす鏡」です。今後もハザードマップなど減災に関連するテーマは中学入試で問われ続けるでしょう。

第5章　戦争問題が求める「読み取る力」〈筑駒・駒場東邦 etc.〉

資料にみる戦争の跡

最終章では、中学受験で出題された戦争に関する問題を取り上げます。平和の重要性とか、復古主義を感じさせるような問題はめったに出題されません。戦争によってどのような影響が出たのかなど、資料や文章から冷静に見つめようとする姿勢が求められます。

まず、戦時中の地図に関する問題です。

下の2枚の地図は、いずれも新宿駅の西側付近を描いたものです。現在では東京都庁など高層ビルの建ち並ぶ地区ですが、かつては広大な浄水場がありました。１９２５（大正14）年の地図にはその様子が描かれていましたが、１９３７（昭和12）年の地図では、浄水場が姿を消し、池のある公園のように描かれています。実際には浄水場

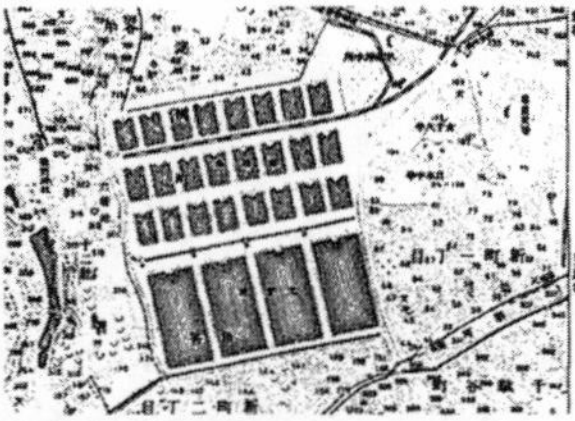

１９２５年作成の地図

１９３７年作成の地図

は廃止されたわけではなく、地図の上でだけ、このような変更がおこなわれたのです。それはなぜですか。答えなさい。　（麻布）

１９３７年は日中戦争がはじまった年です。北京郊外の盧溝橋で戦闘が始まり、その後日本軍は中華民国の首都、南京も制圧します。

そのように戦争が激化する中での地図に変化があるという問題です。実際には浄水場が廃止されたわけではないのに、地図の上では姿を消して公園になっている理由を考えるということです。

ヒントは戦争中であるということ。つまり、敵に知られたくない情報だということになります。浄水場には人々の生活に欠かせない水があります。戦争になったときに空爆の対象とならないように、あるいはテロ行為で毒を入れられることがないようにと考えたのでしょう。

解答例：浄水場は人々の生活に欠かせない水を供給する施設であり、他国から狙われないようにするため。

情報統制

戦時中はできるだけ情報を明かさないようにするものです。次のラ・サールの問題は、戦時中の情報統制についてです。

> １９４４年12月に紀伊半島の沖合で巨大地震が発生し、地震と津波で大きな被害が出ました。
> この被害は日本の軍の指示でほとんど報道されませんでした。それはなぜでしょうか。
> そのころの日本の状況を考えて、簡単に説明しなさい。　（ラ・サール）

実は前の方でも、ほとんど同じ問題を扱いました。第2章91ページの麻布中の問題です。ここでは、「そのころの日本の状況を考えて」という条件があるので、それを記述に盛り込む必要があります。

１９４１年12月、陸軍によるマレー半島攻撃と海軍による真珠湾攻撃によって、日本は太平洋戦争をはじめました。もっとも当時の日本は太平洋戦争という呼称は用いていません。当時の政府は大東亜戦争と呼ぶことを閣議決定しています。戦後、GHQが大東亜戦争という呼称を禁止したことで、太平洋戦争という呼称に統一されたのです。

当初は連戦連勝だった日本も、1942年にミッドウェー海戦で敗れてからは勢いを失います。1943年にガダルカナル島やアッツ島、1944年にサイパン島が陥落し、本土空襲も始まります。東条内閣も総辞職し、敗色濃厚となっていく中で、この地震と津波は起こったものだったのです。

しかし軍は戦意を喪失していません。和平工作を行う一方で、陸軍を中心に強硬派が主戦論を唱えます。だからこそ、国民が戦意を喪失しないように情報統制をはかりました。

戦時中や非常時に、政府は正しい情報を発表しないということは学ぶべきでしょう。

解答例：太平洋戦争の戦局が不利になる中で、国民の戦意を失わせないようにするため。

あるいは、前の問題と同じ視点で、敵国に被害の状況を知られたくなかったという書き方もできます。

それでは、精神病患者数と戦争の関連性を問う、骨太な問題を取り上げます。

日中戦争では、日本軍は中国の首都である南京の占領にあたって中国人捕虜や多数の民間人を大量虐殺し、国際的非難を浴びました。しかし、中国側は首都を奥地に移し、日本の侵略に対しねばり強く抵抗し、日中戦争は日本の意図に反し長期戦となりました。これにともない日本軍の兵力も、１９３７年に63万人だったのが翌38年に１１６万人へとほぼ倍増し、敗戦時の１９４５年には７２０万人にまで急増しました。戦争終結の見通しもたたない侵略戦争に動員される日本軍兵士は、長期にわたって昼夜の区別無く、精神的にも肉体的にも異常な緊張を強いられました。こうして日中戦争を境に長期化する戦争は日本軍兵士にさまざまな影響を与えることになりました。

問　文中傍線部に「戦争は日本軍兵士にさまざまな影響を与えることになりました」とありますが、どのような影響なのか、本文と資料2、資料3を参考にして二つ指摘しなさい。

［資料２］

日本陸軍首脳部は兵士の休養について無関心であった。戦線で長期間戦闘に従事した兵士に休暇を与える制度をついに採用しなかった。欧米の諸国は第1次世界大戦での経験を通じて、1年に1週間ないしは2週間の休暇を兵士全体に与える必要を認め、これを制度化した。日本陸軍、海軍ともに平常時には年に20日間の休暇を与えながら、より休暇が必要となる戦争時には、逆に1日の休暇も与えなかった。

（吉田裕著『日本の軍隊』〔岩波新書〕の216頁に掲載の資料を一部表現を改めて引用）

（成蹊）

［資料3］戦地から日本に送られた戦病患者について

年次	A：戦病患者数（人）	Aの中の精神病者の割合（%）
1937年1～12月	10,295	0.93
1938年	63,007	1.56
1939年	60,314	2.42
1940年	44,393	2.90
1941年	23,085	5.04
1942年	19,416	9.89
1943年1～8月	25,250	10.14
1944年1～4月	14,145	22.32

（前掲　吉田裕著、218頁の表を一部修正）

兵士に与えた影響の原因が、資料2で具体的に示されています。平常時には年に20日あった休暇が、戦時には1日もないのです。戦争をしているのですから、兵士たちは当然肉体的にも精神的にも疲弊しているはずです。

現代では「働き方改革」が進められ、有給休暇も年に5日以上取得させることが義務化されました。もちろん、会社員と軍人では状況は異なりますが、どれだけやっても1日の休みすらない、しかもその苦行がいつ終わるかも分からない、そのような状態が続いたのです。ましてや、戦場で戦い続けるということは、自分の命が危険にさらされる上に、人の死を目の当たりにしたり、さらには自分が人を殺す立場になったりするということです。また、軍隊では厳しい規律や上下関係で締め付けられることも多かったようです。映画やドラマでそのようなシーンを見たことのある人もいるでしょう。

そういう過酷な状況で兵士たちが抱える肉体的・精神的なストレスは想像を絶するものであったと考えられます。結果として、精神病を患う兵士が増えていったのです。資料3では、戦争が進むにつれて精神病患者の割合がどんどん増えていったことが読み取れます。特に、太平洋戦争が始まった1941年からは1年ごとに急増しています。戦争が激しくなった分、それだけ兵士にかかるストレスが深刻なものになっていったということでしょう。

そしてもう一つ気づいてほしいのは、「戦病患者数」の移り変わりと年次の関係です。太平洋戦争は最初こそ日本軍が勝っていたものの、1942年6月のミッドウェー海戦で敗れてからは敗退が続いたことは先述のとおりです。

そのような状況にもかかわらず、1941年以降の戦病者の数がそれまでに比べて少なくなっています。戦争が激しくなって戦死者が増えたとも考えられますが、この数字からは、兵士たちが戦場で病気にかかっても日本には送り返されることなく、そのまま戦場にとどまっていたと考えることができます。データとして示された数字と自分の持っている知識とを照らし合わせて、「太平洋戦争が始まっているのになぜ戦病者数が減ったのか？」という疑問を持つことが求められる問題でした。

解答例：兵士は休暇を取れず心身に大きなストレスを抱えていたため、太平洋戦争が始まり戦況が悪化していくにつれて精神病を患う兵士が大幅に増えた。また、戦地で病気にかかっても日本に送り返される兵士が少なくなった。

本土空襲も激しさを増し、1945年3月26日の慶良間《けらま》諸島米軍上陸から沖縄戦が始まります。4月に沖縄本島にアメリカ軍が上陸し、約3か月間で合計20万人以上の死傷者が出ました。組織的戦闘が終結したとされる6月23日は「慰霊の日」として毎年戦没者に追悼をささげています。さて、この沖縄戦についての問題です。

つぎは沖縄戦の戦没者《せんぼつしゃ》数の表である。沖縄戦がどのような戦争であったかをふまえ、表の（　）にあてはまることばを答えなさい。

日本側戦没者	188、136人
県外出身日本兵	65、908人
県出身軍人・軍属	28、228人
（　　）	（推定）94、000人
米軍戦没者	12、520人
合計	200、656人

（筑波大附属駒場）

沖縄戦は、軍人と軍人との戦いだけではなく、多くの住民が巻きこまれました。住民が軍人とともに戦い、アメリカ軍の無差別な攻撃で次々と命を落としていったのです。（　）にあてはまる言葉は、軍人と対比する形で民間人となります。

沖縄戦は本土決戦のための時間稼ぎだったと考えられており、沖縄の人たちは「捨て石」にされたという思いがあります。１９７２年に日本に復帰した後も、複雑な感情を抱え、これは現在の基地問題にもつながっているのです。

日本は沖縄を失い、本土決戦を覚悟します。無条件降伏を求めるポツダム宣言を黙殺したところ、アメリカは日本に2発の原爆を投下しました。

次は、原爆に関連する問題です。

第二次世界大戦末期、広島と長崎には原子爆弾が投下され、大きな被害を受けました。下の地図は、広島と長崎の焼失区域を表したものです。地図を見ると、焼失区域の広がりに違いがあることが分かります。それは広島と

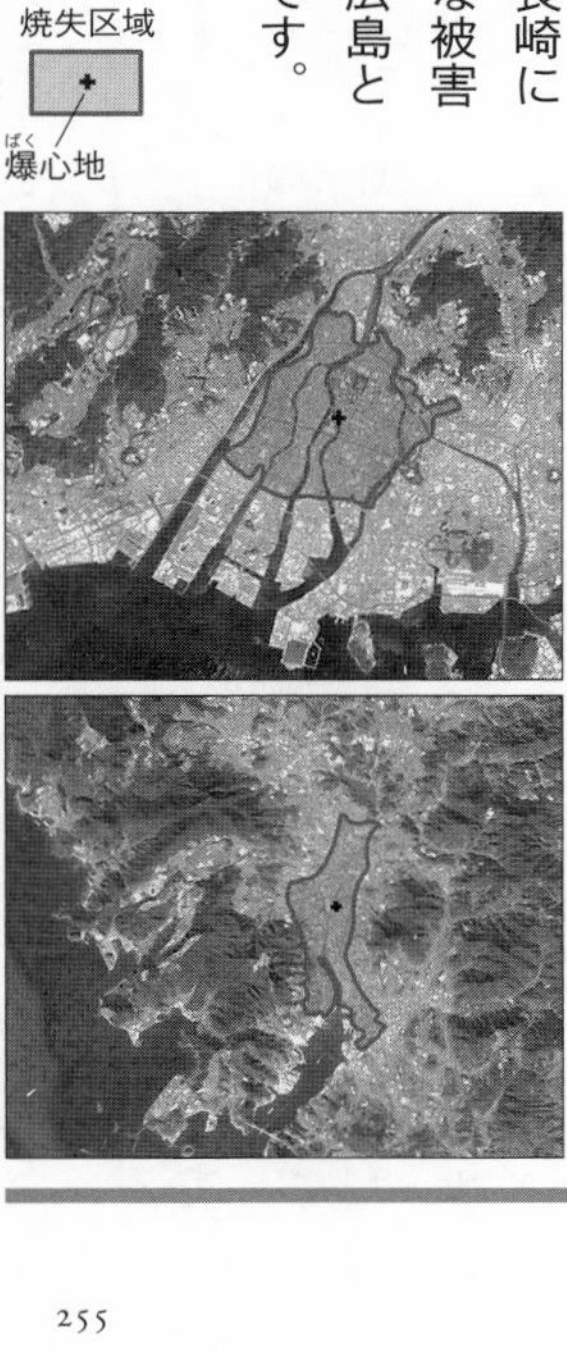

長崎の地形の特徴に関係しています。その特徴を答えなさい。　（東洋英和女学院）

原爆投下による焼失区域を見ると、明らかに広島の方が広くなっていることが分かります。その理由は地形に関係しており、その広島と長崎の地形の特徴について書く問題です。一見歴史の問題のように見えますが、地理の問題です。

広島は、太田川の河口部分にできた三角州の上にあります。山の土砂などが太田川を通じて下流に流れ込み、堆積してできた土地です。三角州や付近の島々が合わさった「広い島」が名前の由来だろうと思いきや、諸説あり確定していません。毛利氏の祖先である大江広元の「広」と、この地の戦国時代の武士福島元長の「島」を合わせたものという説も有力です。いずれにしても平野が広がっているからこそ、焼失区域も広くなり、被害も甚大なものになりました。

長崎は、山と海に挟まれた地形になっています。石畳で有名なオランダ坂など長崎は坂が多い町として知られています。三方を山に囲まれている地形であり、急な坂が多くあるのです。「長崎は今日も雨だった」は内山田洋とクール・ファイブの代表曲として有名ですが、彼らは長崎でバンド活動を行っていました。長崎は山と海に挟まれているので、雨が降るイメージが強かったのでしょう。

解答例：広島は太田川の河口に広がる三角州の上にできており平野が広がっている。一方、長崎は三方を山に囲まれており、平地が狭い。

原爆投下の直後、広島では14万人以上、長崎では7万人以上もの人が亡くなり、被爆の後遺症で亡くなった人も含めると犠牲者の数は広島では30万人以上、長崎では17万人以上となっています。核兵器が実戦で使用され、無辜《むこ》の人々が殺されたのです。

１９４５年8月6日に広島、8月9日に長崎と日本は2度も原子爆弾による攻撃を受けました。では、なぜ広島や長崎が狙われたのでしょうか。

広島市は太田川の河口部分の三角州に開かれてから、中国地方の中心都市でした。陸軍の施設が広島に置かれていたことも理由の一つでしょう。軍事的な目標としては、広島市の南部に位置する呉市の方が向いていたのでしょうが、原爆の威力を確認するために、あえて開けていて多くの人が住む場所を狙ったのではないかと思われます。

また、長崎は造船業がさかんで、軍艦も造られていました。アメリカとしては、軍艦や兵器を作る拠点を狙った方が良いわけです。実際は原爆の威力を試したかったのかもしれませんし、戦後の国際的な立場を高めるために核兵器の威力を世界中に見せつけたかったのかもしれません。

ここまで戦争について見てきました。ここからは戦後について見ていきます。

パンダ外交

まずは、パンダ問題です。

> 第二次世界大戦後にインドから象が、また1972年には中国からパンダが贈られたように、動物は［　　E　　］をすすめるために活用されることもあります。
> ［　　E　　］に当てはまることばを5字以上10字以内で書きなさい。
> （慶應普通部）

ちなみに、なぜこの問題が2018年に出題されたのかと考えると、2017年に上野動物園で誕生したパンダが話題になったからでしょう。シャンシャンと名付けられたパンダを一目見ようと多くの人が集まり、メディアでも報道されました。上野動物園で赤ちゃんパンダが見られたのは、１９８８年以来29年ぶりのことだったそうです。

解答例：友好的な外交（６字）

「パンダ外交」とも呼ばれ、パンダは友好の象徴と見られています。なお、パンダの所有権は中国にあり、生まれたシャンシャンの所有権も中国にあるので、いずれはシャンシャンも中国に返却しなければなりません。また、レンタルなので年間１億円以上のレンタル料を、都が中国側に支払っています。パンダによる経済効果がそれを上回るのでよい、友好の証として支払っているものだから値段は問題ないという意見もある一方で、これだけのお金を支払う必要があるのか、友好関係であれば無償であるべきではないかという意見もあります。

では、続いて平和主義と経済に関する問題です。

> 日本国憲法の三大原理の1つである平和主義は、日本の経済復興に役立ちました。どのように役立ったのでしょうか。答えなさい。
> （麻布）

1946年11月3日に日本国憲法が公布され、翌年5月3日に施行されました。GHQによる占領下でつくられた憲法です。そのため、憲法改正や自主憲法の制定を求める動きがあります。憲法9条の改正については議論が分かれるところであり、ここでは論じません。政治的な立場を表明した上でその理由を書く問題というのは、まず出題されません。これは、平和主義がなぜ日本の経済復興に役立ったのかを考える問題です。

平和主義であるということは、軍事力を持たないということです。とは言え、1950年に朝鮮戦争が起こり、GHQの最高司令官マッカーサーは日本に自衛隊の前身である警察予備隊の創設を指示します。さらに、サンフランシスコ講和条約で日本が独立するにあたって、ダレス国務長官は日本に再軍備を求めます。結局、軍隊という形ではなく、保安隊を経て、1954年に自衛隊が創設されました。

また、1951年のサンフランシスコ講和条約締結と同じ日に、日本はアメリカと日米安全保障条約を結んでいます。そして1960年に改定された際「米国は日本を防衛する義務を負い、日本はそのために米国に施設・区域を提供する義務を負う」と相互防衛の規定が設けられました。日本は基地を提供する代わりに、アメリカに守ってもらうことになったのです。基地の提供や一部経費負担をしているとは言え、多大な軍事費を使わずに済みますし、警察予備隊にしても、当初アメリカが求めたほどの大規模なものではありませんでした。軍事費にかけなかったお金を経済復興に用いることができたのです。

解答例：軽武装で済むことにより軍事費を抑え、産業の発展に予算を使えた。

このような戦後日本の外交方針は、サンフランシスコ講和条約や日米安保条約締結時の総理大臣であった吉田茂の名前から、吉田ドクトリンと呼ばれています。

最後に、よくニュースでも出てくる沖縄の普天間基地についての問題です。

次の図5は、国土地理院発行の5万分の1地形図「沖縄市南部」及び「那覇」の一部を示したものです。沖縄には、日本国内にあるアメリカ軍の基地や軍事施設のおよそ7割（面積）が集中しています。特に普天間飛行場については大きな問題があります。その理由を図5を見て説明しなさい。

（駒場東邦）

図5

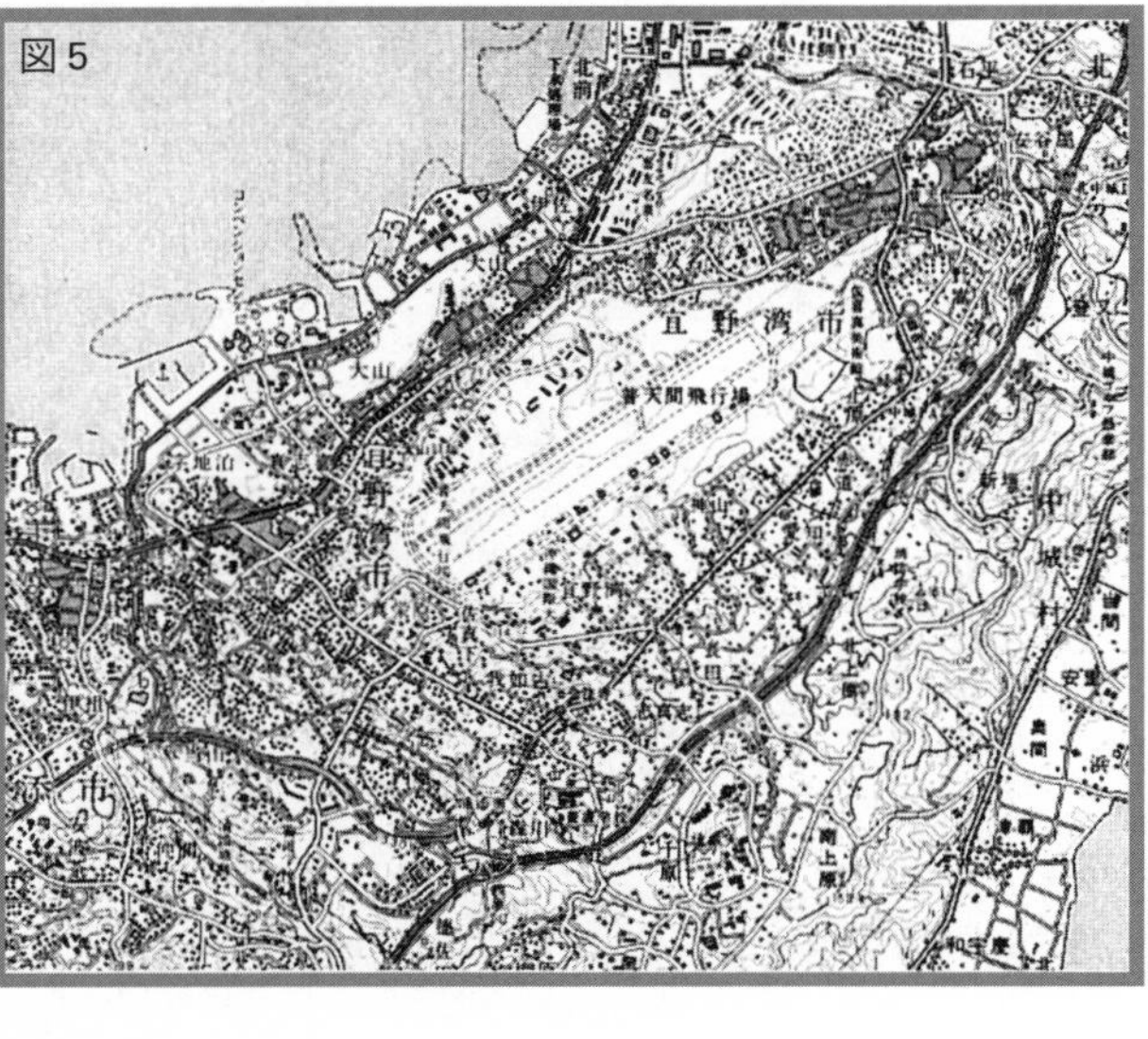

普天間飛行場はアメリカ軍海兵隊の基地です。この機能の一部を名護市辺野古に移設することで日米両政府が合意しました。しかし、辺野古に新たな基地を作らせないという反対運動も根強く、2019年に沖縄県が実施した名護市辺野古移設を巡る県民投票でも、辺野古沿岸部の埋め立てに「反対」が72%となり、賛成の19%を大きく上回りました。

では、なぜ普天間飛行場を辺野古に移設する話が出ているのでしょうか。1995年の米兵の少女暴行事件をきっかけに、沖縄県全体で起こった基地反対運動が影響して、普天間の返還が日米両政府で合意されました。ただし、その際に代替施設を建設する条件がつけられており、辺野古沖が候補として浮上したのです。

ただ、この問題では図5から読み取って書く必要があるので、歴史的な背景の説明は不要です。飛行場の周辺には細かな区画があり、周囲には住宅地が広がっていることが分かります。住民は、日常的に騒音や振動で悩まされ、絶えず軍用機の墜落の恐怖と隣り合わせです。

解答例：周囲に住宅地が広がっているので、軍用機墜落の危険性があるほか、騒音などの公害が起こるから。

なお、2004年には沖縄国際大学の敷地に、米軍ヘリコプターが墜落する事件が起こっています。普天間の移設はしなければならないと多くの人が思っているものの、新たな基地を作ることには賛否が分かれ、沖縄県民全体では反対が多いのです。賛成か反対かの意見を書く必要はありません。普天間の現状や背景について知っておく必要があるということです。

この章では、戦争や基地に関する問題を取り上げてきました。受験勉強は「〇〇戦争」という単語や年号暗記だというイメージを持っていた方からすると、意外な問題もあったのではないでしょうか。もちろん受験では暗記も求められるのですが、難関校になればなるほど、戦争が与えるさまざまな影響や、政策の背景が問われます。単に「大人の常識」では片づけられない、社会人に要求されるレベルを超えた国家のあり方まで考えることを小学生に求めているのです。

あとがきに代えて――問題予想と大学入試改革

最終章は、これから問われていくであろう入試問題を考えていきます。

まず、本書執筆時点において話題となっている、「ＩｏＴ」、「ＡＩ」、「大学入試改革」について取り上げます。中学入試でもＩｏＴについての問題は出題されはじめています。

２０１９年に頌栄女子学院で出された問題を紹介します。

> 皆さんが成人になっている２０３０年代には、どのような社会が実現していると思いますか。ＩｏＴという語句を用いて、具体的に説明しなさい。（頌栄女子学院）

そもそもＩｏＴがどのような意味か分からなければ書くこともできない難問です。ＩｏＴは、「Internet of Things」の頭文字を取った単語です。日本語では一般的に「モノのインターネット」と呼ばれており、あらゆるものがインターネットにつながるという意味で使われます。おそらく正答率は極めて低かった問題だと思われますが、あと数年もすれば、当たり前に正解できるようになるでしょう。

「ワーク・ライフ・バランス」という単語も今では当たり前のように出題されていますが、最初に登場した時にはほとんどの生徒は正解できなかったものです。時代の変化とともに、定着する用語があり、入試で求められる学力、教養も変化します。それを先回りして、社会への感度を高めることが得点に結びつきます。

解答例：ＩｏＴとは、インターネットを通じて人やモノがつながることであり、たとえばビッグデータを分析するＡＩが積極的に活用される社会になる。

この解答例は学校が公開しているものです。ＩｏＴやＡＩは今や必須の知識となっています。ＡＩとは、人間が行ってきた認識や推論をコンピュータでも可能にする技術のことであり、人工知能とも呼ばれています。

ＡＩが人間の知性を超えるシンギュラリティに対する恐怖、警戒が世間に広まりもしましたが、ＡＩを活用して広告を効率的に表示したり、報道原稿が自動化されたり、がんの発見につながったりするなど、既に社会に不可欠のものになっています。２０１８年には芝中学校で、「コンピュータが人間のかわりに仕事をする日が近い」ことについてどのように向き合っていくのか、解答者の考えをまとめるという問題も出題されています。そんな目先の技術より大事にされてきた伝統的な教養を、と思われるかもしれませんが、中学入試は現代社会の鏡です。

これらの語句は社会の入試問題だけではなく、国語の文章でも当然のように使われ始めています。２０１８年には武蔵中でシンギュラリティが本文中に出てきたり、２０１９年には三田国際中でＡＩが人間の仕事を代替する時代が来た時について書かれた文章が出されたりしています。これらについて、前提知識がないと不利という時代になっています。

今後はＡＩと働き方改革をつなげる問題がより出題されそうです。ＡＩによって効率化した社会になれば、それだけ人の負担を減らすことにつながります。それが長時間労働の解消につながる点を考えさせたり書かせたりする問題が考えられます。もちろん、人間の仕事を奪う可能性もありますが、だからこそ学び、ＡＩに負けない、あるいはＡＩに代替されない人になる重要性が説かれていくでしょう。

最後に「大学入試改革」について。英語の民間試験導入が見直されたことで、大学入試改革が不完全であり、抜本的な見直しをはかる声が広がっています。確かに、異なる検定試験の結果を用いて得点化することに対する不透明感や、経済格差がそのまま受験機会に直結するような状況であったので、見直しは賢明な判断と言えるでしょう。

しかし、詳しくは『合格する親子のすごい勉強』で述べましたが、もともと2020年度の改革は小規模なものです。2024年度の学習指導要領改訂後の試験では、大きな変化が起こると考えられます。暗記量が減少し、記述式の問題、表やグラフを読み取って答える問題の割合が増えます。求められる学力、教養が変わっていくのです。

現在、中学受験を行う受験生は、全員が学習指導要領改訂後、本当の大学入試改革後に大学受験に挑む世代です。したがって、国私立中学が受験生に求める学力も変わってきています。明らかに大学入試改革を見据えているのです。

前提知識を求めないような、読み取る問題とはどのようなものなのか、最後に一つ紹介します。女子学院中の入試問題です。

左の表は、第二次世界大戦前に、義務教育終了後の男子が進学した中学校と女子が進学した高等女学校での、最高学年（中学校は5年生、高等女学校は4年生）の授業科目と週当たりの授業時間数を示したものです。女子教育に比べ、特に男子教育がめざしていたことについて、この表の男女の授業科目・時間数の違いから読み取れることを2つ記号で答えなさい。

中学校　第5学年（1901年制定中学校令施行規則）

科目	修身（道徳）	国語・漢文	外国語	歴史・地理	数学	物理・化学	法制・経済	体操	合計
時間数	1	6	6	3	4	4	3	3	30

文部科学省ホームページ「学制百年史」より作成

高等女学校　第4学年（1901年制定高等女学校令施行規則）

科目	修身（道徳）	国語	外国語	歴史・地理	数学	理科	図画	家事	裁縫	音楽	体操	合計
時間数	2	5	3	3	2	1	1	2	4	2	3	28

文部科学省ホームページ「学制百年史」より作成

ア　道徳的に優れた国民になること

イ　外国の進んだ文化を学び、取り入れること
ウ　科学技術を発展させること
エ　日本の風土と歴史を深く理解すること
オ　優れた芸術感覚を養うこと

（女子学院）

中学校は男子校、高等女学校は女子校ですから、男子教育がめざしていたことは、男子校で多く、女子校で少なくなっている項目ということになります。正解はイとウ。イは外国語が中学校では6時間あるのに女学校では3時間と少なくなっています。ウは中学校で物理・化学が4時間あるのに女学校は理科で1時間しかありません。

表と選択肢を一つ一つ付け合わせていく作業は、はっきり言って面倒くさいものです。表や選択肢を読み飛ばした読者も多いと思いますが、ここで丁寧に読み取れるかどうかが新たな時代の学力の有無をはかることになるのです。

賛否両論あるでしょうが、これが受験業界の潮流です。暗記量は減る代わりに、細かく確認できる能力が求められています。

社会の変化によって教育の内容が変わるように、中学入試問題も変わります。「中学入試は社会を映しだす鏡」です。

本書を読み終えてくださった皆さんが、「中学入試問題は面白い、勉強になる」「中学入試は過度な詰め込みでもなく、幅広い知識や教養を問うている」と感じてくだされば幸いです。

今回の拙著刊行についてご尽力くださった平凡社の濱下かな子氏はじめ、ご協力いただいた皆様に心より御礼申し上げます。

2019年12月

松本亘正

【著者】
松本亘正（まつもと ひろまさ）
1982年、福岡県生まれ。慶應義塾大学総合政策学部卒業。大学在学中の2004年に中学受験専門塾ジーニアスを設立。東京、神奈川に8校舎を展開し、首都圏の中学を中心に高い合格実績を誇っている。著書に『合格する親子のすごい勉強』（かんき出版）、『合格する歴史の授業』上・下巻（実務教育出版）などがある。トライグループの映像授業「Try IT（トライイット）」社会科担当。

平凡社新書931

超難関中学のおもしろすぎる入試問題

発行日——2020年1月15日　初版第1刷
　　　　　2024年7月23日　初版第6刷

著者——松本亘正

発行者——下中順平

発行所——株式会社平凡社
東京都千代田区神田神保町3-29　〒101-0051
電話　東京（03）3230-6580［編集］
　　　東京（03）3230-6573［営業］
振替　00180-0-29639

印刷・製本— TOPPANクロレ株式会社

装幀——菊地信義

© MATSUMOTO Hiromasa 2020 Printed in Japan
ISBN978-4-582-85931-7
NDC分類番号376.83　新書判（17.2cm）　総ページ272
平凡社ホームページ　https://www.heibonsha.co.jp/

落丁・乱丁本のお取り替えは小社読者サービス係まで直接お送りください（送料は小社で負担いたします）。